JN106682

SPEAKOUT! OR DIE

一発で相手が シビレる英語

英語表現研究会 ［著］
Tokyo Creative ［監修］
オザキエミ ［illustration］

はじめに

ウィットあるシビレ英会話で、リアルな人間関係をつくろう

　シビレる英語をお手に取っていただきましてありがとうございます。

　本書は、ある程度英語は勉強してきているけど、いざ自分が話すときに「初対面でなにを話したらいいのかわからない」「すぐに話が途切れて会話が続かない」「なにをどう相手に伝えたらいいのかわからない」というお悩みに答えるべく、会話を盛り上げて、円滑にコミュニケーションできるよう必ず相手がシビレてくれるフレーズを集めました。さらに、まじめだけど、ちゃんと「感謝の気持ち」を伝えるフレーズも入れているので人に好かれ、応援してもらえる「シビレる」フレーズ集となります。

　もちろん、「沈黙の時間が怖い」にも安心な会話が拡張する話のつかむアイディアや、「それってどういうこと?」「なるほど。それで?」など会話を盛り上げる「うなづき」や、必ず相手がツッコミを入れたくなる「自慢話」や「自虐ネタ」のアイディアも入れています。本書を通して、友だち同士の会話からデートシーンまで**「深く」「つながりある」「楽しい」人間関係をつくり、「自己発見」**もできる会話本となっています。

　また、英会話の上級者でもなかなか手を出せないハイレベルなウィットやダークユーモアも題材にしています。まずは「ダークユーモア」や「皮肉」について理解し、取り扱いを知る必要がありますのでご説明したいと思います。

ダークユーモアって?

　ダークユーモアとはアメリカンジョークもしかり倫理的に笑いに適してい

ないコト（「死」「戦争」「災害」「病」「事件事故」「貧困・差別」）や、政治など風刺的なことを題材にし、痛烈な皮肉をおもしろおかしく言って笑いを取る表現方法です。ギリギリの線でアメリカのトップコメディアンは攻めますが、一般人は使わないほうがいいでしょう。そんなアメリカでお笑いの王道は、1975年から始まったコメディバラエティ番組『サタデー・ナイト・ライブ（SNL）』でしょう。ジョン・ベルーシからエディ・マーフィまで著名なコメディアンを輩出し、いまでもSNL出身のコメディアンやクリスティン・ウィグ、マーヤ・ルドルフなどコメディエンヌが映画やドラマで活躍しています。

　一方イギリスでは同じジョークでも質が違い、イギリス英語や文化を理解していないと難しい階級社会などに反抗的で機知に富んだ皮肉や自虐的なユーモアを真顔で発するのが特徴で、ドタバタな喜劇要素は比較的少ないようです。そんなイギリスの代表的なコメディグループといえば、『モンティ・パイソン』。先述した『サタデー・ナイト・ライブ』をはじめコメディ界に大きな影響を与えたことでも有名です。

「皮肉（irony）」「嘲笑的なさま（cynical）」「嫌味（sarcastic）」の違いって?

　ユーモアの違いがわかったところで、混同しがちな「皮肉（irony）」「冷笑的な（cynical）」「嫌味（sarcastic）」の違いを整理してみましょう。「皮肉（アイロニー）」は、実際とは反対の気持ちを言うことでユーモアある表現や反語を意味します。反語の例として、遅れて来た人に「ずいぶん早いお着きですね」など、反対のことを言って相手の落ち度を伝えることです。「冷笑的な（シニカル）」は、誠意がない自己中心的な皮肉。また、「嫌味（サーカスティック）」とは、不快な言葉で傷つけることを意味します。それぞれ、細かいニュアンスをまとめてみましたので下記を参照ください。

- **皮肉（irony）** [名]
  ❶実際とは反対の気持ちを言うユーモアな表現（反語）
  ❷(運命などの)皮肉な結果、意外ななりゆき
  ➡ **悪意なく相手を風刺する言動**

- **冷笑的な（cynical）** [形]
  ❶相手の誠意やいいところを疑う、認めない、あざ笑う
  ❷価値観や考え方や人を傷つけることに対して気にせずにばかにする
  ➡ **悪意のこもった、ネガティブな言動**

- **嫌味（sarcastic）** [形]
  ❶気持ちとは反対のことを言って不快感を与えるキツい冗談・言葉
    あてこすり、キツい冗談・皮肉な言葉。
  ➡ **相手を傷つけてイライラにさせてしまう悪意がある**

　本書では皮肉（irony）を、笑って許せるシビレるジョークと解し、シニカルや嫌味なフレーズは一切入れておりません。

相手の背景をよく理解することがシビレる会話の黄金ルール

　シビレる会話はセンスが違うだけならいいのですが、物事の感じ方が違うと、同じ言葉でも違う意味に解釈される可能性があります。そう、**相手の背景をじっくり考慮した上で話すことがシビレる会話の黄金ルール**です。

- 文化的背景　・人種的背景　・政治的背景　・場の空気

その考慮ができないと相手をほめたつもりが、怒らせてしまったということ

もあり得ます。ここでは、事故になりそうな背景や要素は省きましたが、間違って使うととんでもないことになることをご理解ください。

　人とコミュニケーションをとるためには、
「どんなことをおもしろいと感じるのか」
「どんなことを不快に感じるか」
など、相手の感性と背景などを知る力が必要です。

　さらには、くさいけど「ちゃんと感謝の気持ちを伝える」も重要なファクターとして掲載しています。

シビレる英語学習の仕方

　ここでの学習のステップとして、まず読んで楽しんで理解し、例文と同じようなシチュエーションでごく親しい友人だけに、もしくはひとり言で言ってみることをおすすめいたします。さらに正しい発音をしたい場合は、「正しい英語発音の仕方」の音声を聞いて、繰り返し声に出して練習してみましょう。そこから段階を踏んで行くことから慣らして徐々に感情のこもった会話を始めていきましょう。ある程度理解し、練習を重ねたら「自分に合うフレーズ」を組み合わせて「自身の英語ネタ帳」をつくるといいでしょう。学習の流れは、次のページで表にしましたので参考にしてください。

100％英会話力があがる究極のシビレセンス

　以上のことを踏まえた上で、会話のシビレセンスを磨き上げましょう。**英会話において、必要なのは英単語をひたすらおぼえたり、TOEICで700点越えさせる「スキル」ではなく、大好きな相手の空気や場を考える「センス（＝シ**

ビレ）」と考えます。わきまえたシビレる会話をすることで、相手との関係性が深まり、さらには次のような効果が期待されるでしょう。

「どんな人でもノッてくれる」「人の輪にすんなり入れる」
「場がこんなに盛り上がる」「人間関係が180度変わる」
＋
「気の利いた英語で会話できる」「一生付き合えるダチができる」

　日本語でも会話がままならないのに英会話で可能なのだろうかと感じる方もいらっしゃるでしょう。ご安心ください。本書にある英会話のネタを繰り返して覚えていけば日本語の会話スキルも上がってくるはずです。まずは気軽にイラストを見ながら読んでいただけましたら幸いです。

　それを乗り越えたあなたはきっと

「最強の英会話者にして、
コミュニケーションの達人」

になること間違いないでしょう。すらすらっと自己プレゼンもできてくるはずです。

英語表現研究会

This book is dedicated to our legendary heroes,
Dave Chapelle, Aziz Ansari, Ali Wong, Ronny Chieng.

永遠のヒーロー、デイヴ・シャペル、アジズ・アンサリ、
アリ・ウォン、ロニー・チェングに捧げる

あー！テンポよく
英語しゃべりたい！

ここでの学習

ジョークを習得して
スムーズな会話に持ち込む学習には
次の4ステップで練習しましょう。

❶ 読んで見て楽しむ　　　　　[理解＆リーディング]

まずは全体を通して、2コマイラストを見ながら、読んで、話
の流れを理解していこう。そこで、こんなおもろいフレーズが
あるのか、また、自分ならばこれ使えるなと思ったら、チェック
しておこう。

❷ ひとりで声を出す　　　　　　　[シャドーイング]

イラストを見ながらナレーションに続いてひとりで声を出して
イメージトレーニングしていこう。慣れてきたらワンフレーズ
だけではなく、「話の切り出し」からの「答え」をセットでおぼ
えていこう。

❸ 主人公になって演じる　　　　[演じて身につける]

エピソードごとのスクリプトで、会話のテンポをつかんでいこ
う。スムーズなテンポで対話ができるまで繰り返し練習して
みよう。このときにジェスチャーを入れて、演技力をつけてい
くと、いざ本番で迫真の演技で表現ができる。

❹ オリジナル脚本を作成　　[自身のフレーズを創作]

馴染んできたら、主人公になって自分なりの質問と答えのフ
レーズを選んでオリジナルのスクリプトを組み立てていこう。
自身のスクリプトをテンポよく話せるようものになるまで、リ
ハーサルを続けよう。

シビレる英語とは？

　尻切れとんぼで終わってしまう英会話ではなく、1分以上続く会話にするために、ウィットあるおもしろフレーズからきちんと感謝を伝えるフレーズまで集めています。このシビレるフレーズを繰り返し発音して練習することで、自然にスムーズな会話を会得できるはずです。必ずや相手がシビレて、思わず「え? なにウソでしょ」とツッコミたくなり、さらには「また会おう」と次の約束を入れたくなるでしょう。

本書で得られる
4つの効果

1 会話をまるごとおぼえるから
どんな状況でも対応できる。

　相手のツッコミや答えを想定できるように「まるごと会話をおぼえる」ので、どんなシチュエーションでも対応可能になります。たとえば、フレーズも普通・皮肉・王道なものまで、バリエーション豊かに揃えているので、パターンでおぼえてもよし、自分に合ったものを選ぶことが可能です。もちろん、シチュエーションによって、使い分けて対応することもできます。実践する場合は、必ず相手の「背景」と「空気」を読むこと。

2 その状況と気分に合わせて
フレーズを組み立てられる。

　英語のみならず人とコミュニケーションを取ると、いろいろなバリエーショ

ン豊かな生のリアクションがあるでしょう。パターンフレーズを認識しておくことで、状況に合ったウィットある答えや、誘いをかけることができます。いずれのフレーズも相手に9割しゃべらせるように「拡張話法」を取り入れているので、断られても次につなげることができます。また、相手がツッコミしやすいボケや自虐フレーズも入っているので、より深い友だち関係を作れるようにしています。どんな関係性に持ち込むかはあなた次第です。

3 コマイラストのイメージで やりとりを記憶に定着させる。

　本書では、一番おぼえてほしい王道の1フレーズを最初に紹介。そして、やりとりが理解できるように2コマ漫画を付けています。たとえば、「最近、離婚した。」というフレーズを見ただけでは、そのフレーズのおもしろさ、また、どうやりとりすればいいのか、わからずに終わってしまいます。単調になりがちな従来の1フレーズ暗記では得られない、「挿絵」ではなく立体的な「2コマ漫画イラスト」にすることで、心に印象が残るストーリーがセットで理解できるように工夫しました。

4 ひとりでも話しているよう リアルな会話を練習できる。

　本書では、ひとりだけでも英会話が話せるように、リアルな対話体験できるスクリプトを用意しました。もちろん、本書内のフレーズを活用して、自分に合ったスクリプトを用意するのもいいでしょう。その場合は、自身のキャラクターが出るような好みのフレーズをチョイスして、音声データを並べ変えて、作ってみましょう。会話の内容をコントにするのか、皮肉たっぷりにするのか、笑いをとるのか、ノーマルにするかは、あなたの演出次第です。

本書の構成

「出会い」「デート」「話のつかみ」「明日も会おう」まで、
各エピソードで想像されるポジティブからネガティブまで
さまざまなフレーズを掲載。
自虐ネタから普通の「問いかけ」「きっかけ」→「Yes」「No」まで、
感情に合ったフレーズを選べるように対応しています。

❶おすすめの1フレーズ

どんなシチュエーションで言うべきか、
発音、語源などのワンポイントを解説しています。

❷2コマ漫画

フレーズをどういう風に使ったらよいかイラストで紹介。
会話のイメージがつかみやすくなっています。

❸いろんな状況のフレーズを紹介

王道・GOLD・基本・決め台詞・普通・
上級・最上級の問いかけから
模範・断り・キラーフレーズ・怒り・シラけ・
クールな解答まで揃えています。

❹スクリプト

エピソードごとに習ったフレーズをまとめた脚本です。
十分に練習して、自分の言葉として肉体化させて本番の会話に挑みましょう。

CONTENTS

002 はじめに

007 ここでの学習

008 シビレる英語とは?／本書で得られる4つの効果

010 本書の構成

014 EPISODE 0 準備体操

EPISODE 1

出会いって おもしろい!

020 自己紹介しよう

024 自己紹介に答える

026 間が空いてしまった

028 あいさつは陽気に

032 あいさつに答える

036 ウェルカム!

040 ウェルカムに答える

042 お誘いですけど

046 お誘いに乗っちゃう?

050 いや、断る

052 断られたよ…

054 Scriptで演じてみよう

EPISODE 2

いいデート してる?

064 デートしよう

068 デートしよう 切り出し方

070 デートしよう 相手に言わせる

072 デートしてもいいよ

074 デートの決め台詞

078 ほめまくろう

082 ほめられたら ありがとう

086 ほめられて 恥ずかしいとき

088 こんなときどうする?
怒っちゃった

092 こんなときどうする?
言い返してみる?

094 こんなときどうする?
素直にごめんね

096 デートのしめくくりは
ありがとう

102 こちらこそ

104 Scriptで演じてみよう

EPISODE 3
こんな話のつかみがあったんだ

- *114* Sorry I'm lateの後に
- *118* 友情に乾杯!
- *120* 自慢する
- *124* 自慢話のあいづち
- *126* あれ、シラけた?
- *130* シラけたときのうなづき
- *132* 自虐ネタ・失敗談から始める
- *136* 皮肉なあいづち
- *140* 失敗談からのなぐさめ
- *144* ウケる!
- *148* 初級のあいづち❶〜❷
- *152* Scriptで演じてみよう

EPISODE 4
友よ、ありがとう

- *162* きみってサイコーだよ
- *166* ほめられたら
- *172* ほめた後の決めオチ
- *174* 初級のあいづち❸〜❹
- *178* 上級なあいづち 会話が続くニッチなツッコミ
- *182* 友よ、ありがとう
- *186* 友よ、ありがとうに答える
- *188* また明日ね
- *192* Scriptで演じてみよう

COLUMN

- *058* #SNSは世界中の人々が集う社交場
- *108* 使えるとカッチョイイスラング
- *156* ネイティブが思う英語がうまい人って?
- *158* 外国人スタッフおすすめシビレる映画・ドラマ

- *198* シビレる英語 スキルアップのコツ
- *200* Index

Warming Up
準備体操

どんな一流のアスリートでもミュージシャンでも
入念に基礎体力のトレーニングやリハーサルを欠かせないことはご存知だろう。
本書でもワンランク上のネイティブ英会話において
スラスラとテンポよく話すには、まずは準備体操が必要だ。
いきなり本題に入る前に、ひとりで大きな声で気分を上げていく
「アゲフレーズ」から始めよう。

イッツショータイム!

パーティ
コール

Let's get
this party started!

パーティはじめようぜ!

そう、大きい声で2回言ってみよう!!!
もう1回。

Let's paint the town red!

パーッといこうぜ！

WARMING UP

Aren't you coming
to the party?
Wait, what? That sucks.

「パーティーに来ないの？
なに？ それは残念だ。」

EPISODE

1

出会いって
おもしろい！

Encounters are instant,
but connections can be lifelong.

出会いは一瞬、繋がりは一生。

人生にはいろんな人と出会いがある。
直感でこの人と感じたら一期一会だと認識して、
一生の出会いにするべく
ユーモアあふれた素直な自分を一瞬で表現しよう。

自己紹介しよう
間が空いてしまった
あいさつは陽気に
ウェルカム!(おうちへようこそ)
お誘いですけど

自己紹介しよう

自己紹介は目的と場に合わせて使いわけることが必要だ。
ユーモアある皮肉ならば「短く」、「近況」を。
相手に「その目的」と「強烈な印象」が残るはずだ。

Hi! I'm Mike.
Recently divorced.

どうも！マイクです。
最近離婚したんだ。

Recently divorcedは「私は空いている」
さらに「あなたに興味がある」を匂わせるフレーズだ。
つまり、最近離婚した＝新しい出会いを求めていることを暗示している。

「どうも。マイクです。最近離婚したんだ。」
「ボブだ。(独身の世界へ)おかえり！」

自己紹介しよう ❷

出会いっておもしろい！

トランプ大統領ネタ

Hi, I'm Shintaro, a not so stable genius.

どうも、それほど安定してない天才の信太郎です。

＊トランプ大統領の"Very stable genius（安定した天才）"にかけている。

女性限定の冗談な紹介

Hi, I'm Jessie. Sailor Moon's better-looking sister.

セーラームーンより美人の妹、ジェシーです。

A.K.A.を使う

Hi, I'm Hiroshi. A.K.A ~ The Japanese Brad Pitt.

どうも。日本のブラッド・ピットのひろしです。

＊A.K.A.は"also known as"の略で自分を形容するものにたとえる。

意外な自分をアピール

Hi, Yuta. I may look like an accountant, but I play in a death metal band on weekends.

どうも祐太です。経理っぽく見えるかもしれないけど、
週末はデスメタルバンドをやっています。

シチュエーション別

Hi, I'm Satoshi. Haven't we met?

どうも、聡です。なんか知り合いな気がするけど?

Hi, I'm Kawanabe, fresh off the boat from Kasukabe.

どうも、春日部から越してきた川鍋です。

Hi, I'm Eric the newbie at [Creative Tokyo].

どうもエリックです。[クリエイティブ東京]の新米だ。

Miho, at your service.

美帆です。どうぞ、なんなりとお申し付けください。

出会いって
おもしろい！

自己紹介に答える

紹介受けてから答えるバリエーションは十人十色で最終的な答えはない。
興味ない場合は、クールに「切り捨て」る。
興味ある場合は、「マジ？ 話を聞かせて」と嘆願しよう。

P20
模範解答

Hi! I'm Pete.
Vaguely interested.

どうもピートだ。
興味ない（だけど少しだけ興味がある）。

Vaguelyにはまったく興味がないと言いながら
「なんとなく興味がある」というニュアンスが含まれる。
"Welcome back to the dark side. (ダークサイドへようこそ。)"や
"Congratulations! Let's celebrate!(おめでとう！お祝いしよう！)"
"Welcome back to life!(おかえり！)"で、温かく迎えよう。

基本

Cool! I hope to get to know you better.

なるほど。もっと知り合いになれるといいな。

離婚（P20）にピシャリと断る

Hi, I'm Mike. Happily married.

マイクです。幸せな結婚生活している。

興味ない／A.K.A.紹介で引いたら

That's nice. / Yeah, right.

あ、そうですか。

持ち上げ

Your reputation precedes you.

あなたの評判はよく知っていますよ。

Wow, the infamous Pete!

あら、あの（悪名高い）噂のピートさんじゃないですか！

出会いって
おもしろい！

間が空いてしまった

会ってからしばらく間が空いてしまった場合はどうするのか。
そのまま熱い友情を保つためには話題の本題に入る前に便利なフレーズがある。
そう、様子を伺うのだ。

王道

Just checking in.

ちょっと確認なんだけど。

Point

間が空いていない場合以外でも、すぐに状況を確認したいときに
使用できるフレーズ。ご機嫌や様子伺いとしてメールの件名でも使える。
ほか件名は、"Checking in." でも可。

I just wanted to check on you.

様子を見に来たの。

Just checking to see how you're doing.

元気かなと思って確認。

Just checking to see if you're still alive.

生きてるか確認。

Hi, I thought that I might swing by to see you.

おジャマだった？ちょっと寄ってみたの。

ENCOUNTERS ARE FUN

TO: GREEN
SUB: JUST CHECKING IN

あいさつは陽気に

ビジネスからプライベートまであらゆるシーンはあいさつから始まる。
"How are you?（お元気ですか?）"だけではない。
会話のきっかけをつかむ「スムーズ」な流れを演出しよう。

王道

So, wassup?

どう？/ 調子はどう？

Point

このフレーズは主にアメリカで使用する。イギリスでは使わないので注意が必要。
最後に"Yo"、"Bro."をつけても可。Wassupの後の返事はNot muchしかない。
方程式としておぼえよう。

「調子はどう？」
「まあね。」

出会いって
おもしろい！

あいさつは陽気に ❷

陽気な
基本

Hey there sunshine!

（相手を太陽にたとえて）
よう！

Point

太陽のようなやさしさがあり、自分の気分を明るくしてくれる人に使う。
逆に根暗な人に言うと皮肉になる。
男性から女性に、女性は子どもに対して言うことが多い。

5大どう？

How you feelin'?

気分は？

So, how you doin'?

どう？

How's it hangin'

どう？ *男性のみ使用可能

How's it going?

どう調子は？

How goes it ?

どう調子は？

さらに陽気な誘いを入れよう

Is it happy hour yet?

ハッピーアワーはまだだっけ？

あいさつに答える

あいさつは単に健康や状況を聞くだけではなく
お茶や食事に誘うまで豊富にある。
あいさつに答えるときにも、愛あるまあまあから、
最高・最悪まで気の利いたひと言を揃えておきたい。

便利な
解答

Fuckin' awesome!

超調子いいよ!

Point

このフレーズは調子いいときも悪いときでも皮肉として使える便利なフレーズ。
こんな人間味ある答えを用意しておこう。

いいよ&好意を示す

Rocking!

最高だよ!

Couldn't be better!

絶賛好調だ!

Terrible.

(笑いながら)最悪よ。　*いいときでも笑いながら言えば、皮肉になるフレーズ

Actually, I'm pretty good.

実際、結構いい感じ。

Good, and how are you doing?

いいよ。あなたはどう?

I'm great. I was just thinking about you.

いいよ。たったいまきみのこと考えていた。

あいさつに答える ❷

最悪

Like shit.

最悪。

You have to ask?

聞く必要あるっけ？

まあ、大丈夫

I'm okay, I guess.

まあ、大丈夫だ。

Hanging in there.

なんとかやっている。

So far so good.

いまのところは大丈夫。

Not much.

まあね。　＊Wassupに対しての決まり文句

Not too bad.

まあまあかな。

I'm alright.

まあまあかな。

Same shit, different day.

いつもと同じ変わらないよ。

ウェルカム！

いつだって家に来るゲストは貴重な存在。
迎える言葉は、ユニークかつジョークが効いた言葉で。
たとえ散らかっていても家でくつろいでもらえるように温かく迎えよう。

Come in! Don't worry, I just sanitized the place.

どうぞ！
いま消毒したてだから大丈夫。

新型コロナウィルスが終焉しても
クリーンで清潔感あるうちへようこそと迎えよう。
ここでは、"Cleaning(掃除する)"よりも時代に合ったフレーズで笑いを誘おう。

「どうぞ！ いま消毒したてだから大丈夫だよ。」
「よかったよ。ガスマスク忘れたから。」

ウェルカム! ❷

Welcome to
my humble abode.

狭い家ですけど、どうぞ上がって。

Humble abodeは、へり下って「貧しい・狭い質素な住居・拙宅」という古い言葉。
それをあえて使ったおもしろいフレーズ。

王道

Mi casa, su casa. Make yourself at home!

気楽にしてね！ ＊スペイン語部分を英語に直すと"My house is your house"のこと。

強気にウェルカム

Welcome to my castle.

わが城へようこそ。

B-52's的に ＊B-52'……アメリカのニュー・ウェイヴバンド

Welcome to my love shack, baby!

ベイビー、わが家へようこそ！

男子用・女子用

Welcome to my man cave.

オレの部屋へようこそ。

＊"man cave"は趣味などを楽しむためにこもる男性専用の(小)部屋でガレージ、書斎などを指す

Welcome to my she shed.

わたしの家へようこそ。 ＊"she shed"は女性専用の趣味の小屋などを指す

ウェルカムに答える

ホストのお迎えに元気に答えられるバリエーションフレーズを紹介。
手土産はなくとも、さあ、リラックスして、
一緒に友だちと過ごす時間を楽しもう。

散らかって
いた…

Don't worry,
I just got vaccinated.

気にしないで。
ワクチン打ったばかりだから。

Point

もし、相手の家が散らかった家だったり、部屋が汚かったら、さりげなく返そう。
手土産とともに。ただ、本気ではなくジョークであることを匂わせること。

模範解答

I am honored to be here at the illustrious Thompson manor.

トンプソン家の邸宅に来れて光栄です。

I think I'm underdressed!

こんな格好でごめんなさいね！

Wow, I didn't know that you were a neat freak.

へー、きれい好きだとは知らなかったわ。

女子が男子の家に行くとき

Okay, but don't get any ideas.

いいけど変な気を起こさないでよ。

Let's keep a "social distance", shall we?

ソーシャルディスタンスを取ろうね。

Keep your hands to yourself.

変な手を出さないでよ。

ENCOUNTERS ARE FUN

お誘いですけど

知り合いから友だちになるには食事に誘うのが一番だ。
相手をうまく誘導するには、若干"強引"に"勢いよく"、
さらに一緒に行くと「なんか楽しそう」と思われるように聞こう。

王道

What about drinks over Zoom?

Zoom飲みしない？

Point

初めて誘う場合は、世相に合った安心の王道フレーズで誘う。
もちろんSkypeやHangoutではなく、"online party"と言ってもいい。

「Zoom飲みしない？」
「いいよ！おごり？」

お誘いですけど❷

王道

Maybe my timing isn't great, but do you wanna go grab a bite to eat?

タイミングは悪いかもだけど、ごはんに行かない?

So, you doin' anything this week?

ところで今週なにしている?

You gettin' ready to go out?

出かける準備はしている?

What are you up to this evening?

今夜、なにしてる?

Come by sometime. We'll have a beer.

うちに遊びに来なよ。ビールでも飲もう。

Are you up for dinner tonight?

今日夕飯行く?

Do you want to grab a drink after work?

仕事の後、飲まない?

Listen, I'm going out for a quick drink. You wanna join me?

ねえ、いまからサクッと飲みに行くけど、来ない?

Let's go grab some drinks.

サクッと飲みに行こう。

Join me for a beer?

ビール、飲みに行かない?

Happy hour, anyone?

だれかハッピーアワーに行かない?

Hey, you wanna go check out this place? I hear it's pretty happening.

けっこう流行ってるって聞いたけど、行かない?

お誘いに乗っちゃう?

相手の誘いに乗る場合、単にはしゃいだ返事は子供じみている。
クールな語り口で、言葉の遊びを入れながら
楽しみに行くぞというニュアンスをセンスよく返事しよう。

上から
目線

Only if you're buying.

ゴチしてくれたら行く。

Point

誘いに乗ってくれたら、返す言葉は、"You bet."(もちろん。)、
夜の約束ならば"I'll see you there."(じゃあ後ほど)と返そう。

普通

I'm on my way.

いま向ってるよ。

Thank you for the invite.

誘ってくれてありがとう。

I would like that.

ぜひ。ぜひ。

Gladly.

喜んで。

Sure! Let's go.

いいね！行こう。

終電前に誘われた

Yay, a nightcap.

寝酒の代わりだ。

お誘いに乗っちゃう？❷

I'm all over it.

全力で興味ある。

Point

ビジネスっぽい言い方をあえて使う。もちろんビジネスシーンでは、
なにか頼まれたときに使えるフレーズで「全力で取り組みます。」という意味。

クールな返し

Sure, why not?

いいね、ぜひ。

I'm down!

賛成！

超ホットな返し

Fuck yeah.

ぜってー行く。

Definitely.

必ず。

Abso-fucking-lutely.

もち行く。

2軒目の誘い

Sure. Why stop the fun now?

ああ、まだまだ楽しもう。

ENCOUNTERS ARE FUN

いや、断る

日本語と違って英語で誘われると、ストレートで強引な強さが出るので、
日本人にある曖昧な言葉の返しは不要だ。
きちんとはっきり断るのが相手へのマナーでもある。

女子用
キラー
フレーズ

Maybe not.
Can I take
a rain check?

う～ん、行かない。
また誘ってくれる？

とは言え誘いをはっきり断れない女子としては、
思案気味に笑顔でかわいく言うのも手だ。
その場合「また今度誘って」という意味の"Rain check?"を使うといい。
由来は雨天順延時に発行される振替え券から来る。きっとまた誘いがあるはず。

Rain check?

Can you give me a rain check?

ぜひ今度また。

How about a rain check?

また今度にしてくれる?

超普通の断り

I wish you'd asked me earlier. I actually have other plans.

早く誘ってくれたらよかったのに。別の予定を入れちゃった。

Oh, I could but I don't want to.

あら! 行けるけど行きたくない。

かなり強めの断り ※これらは言い方を間違えると、大げんかになるのでご用心

No, and please don't ask again.

ノー。もう誘わないで。

No way. Will you please fuck off?

絶対にいや。消えてもらえます?

断られたよ…

もちろん断られたらしょうがない。
コテンパに断られたとしてもくじけずに次のチャンスを狙おう。
だけど、残念だなという余韻を残すことは忘れずに。次があるさ。

逆ギレ
する

Fine!
I shouldn't have
invited you
in the first place!

あっそ！
だったら最初から誘わないよ。

本当に頭に来てしまったらFine!を強めに発音しながら言おう。
だけど、次はないので慎重に使おうね。

基本（未練はある）

Suit yourself. I'm going solo.

ふん、じゃひとりで行くよ。

Are you sure? I'm buying?

ホントに？ おごるけど。

That's too bad. Maybe next time.

残念、また今度ね。

Fine, but you're missing out on a good time.

そう。楽しい時間を失っちゃったね。

SCRIPT
で演じてみよう

英語の上達には映画の主人公のようになって演じてみることが大切だ。
声を出して繰り返すことでフレーズを身につけ、生きた英会話ができる。

出会いのシーン1
誘いを断る

MILKY: Hi, I'm Milky. Sailor Moon's better-looking sister.

MIKE: Yeah, right. I'm Mike, a not so stable genius.

MILKY: Maybe my timing isn't great but do you wanna go for a drink?

MIKE: I wish I could, but I can't.

MILKY: All right. On behalf of the moon, I shall right wrongs and triumph over evil, and that means you! What about drinks over Zoom?

MIKE: Okay, just one though.

出会いっておもしろい！

CAFE FUNNY

CLOSE ENCOUNTER SCENE 1

ミルキー：セーラームーンより美人の妹ミルキーです。

マイク：　そうですか。どうも、それほど安定してない天才のマイクだ。

ミルキー：タイミング悪いかもだけど、
　　　　　いまから一杯サクッと飲みに行かない？

マイク：　ざんねんだ！ けどお断り。

ミルキー：わかった。月に代わっておしおきよ！ だったらZoomで飲まない？

マイク：　一杯だけならいいよ。

SCRIPT
で演じてみよう

出会いのシーン2
誘 い に 乗 る

BOB: Hi, I'm Bob. I may look like an accountant, but I play in a punk band on weekends.

PETE: Pete. Your reputation precedes you.

BOB: You look familiar. Do I know you?

PETE: Do I know you?

— After a while —

BOB: Just checking on how you're doin'. So, wassup?

PETE: Not much.

BOB: Listen, I'm going out for a quick drink. You wanna join me?

PETE: Yo, duly noted.

ボブ： どうもボブです。経理っぽく見えるかもしれないけど、
　　　 週末はパンクバンドをやっている。

ピート： ピートだ。あなたの評判はよく知っていますよ。

ボブ： なんか知っている顔なんだけど、どこかで会った？

ピート： どこかで会ったっけ？

　　　　—— しばらく間があって ——

ボブ： 元気かなと思って確認。どう？

ピート： まあね。

ボブ： いまから一杯サクッと飲みに行くけど来ないか？

ピート： いいよ、了解。

#SNSは
世界中の人々が集う社交場

コミュニケーションツールだけでなく自己表現の手段として使用される
さまざまなSNS。世界中の人とどこでも繋がることができるので
生きた英語を身につけたい人はSNSを活用して英語に触れる機会をつくろう！

　　映画、ニュース、ドラマなどを見ることも英語の勉強になるが、リア

ルで新鮮な言い回しやスラングを知ることができるのは、外国人の友人、

コメディアン、セレブリティが自身の言葉で発信するSNSだ。良いとき

も悪いときも、それぞれの思考やライフスタイルを共有する場として使

われ、見る人々からのレスポンスもついてくる。SNSの良いところはリ

アルな表現であふれていることである。なかでも、シビレる英語読者に

注目してほしいのは、おしゃれな"映え"投稿ではなく「meme（ミーム）」

や「ハッシュタグ」を用いたウィットにあふれた投稿だ。

「meme（ミーム）」とは？

　　すべてのSNSで使われているテキストと画像または動画などで構成さ

れたネタのこと。世界のトレンド、ポップカルチャー、テレビ番組やド

ラマ、日本のアニメなど印象的なシーンが切り取られ形成される。

　　多くのミームは海外版5ちゃんねる（旧2ちゃんねる）とも呼ばれるコ

ミュニティサイトRedditで生まれた後、ユーモアがあるおもしろく共感

を得られたモノは、テキストや画像がアレンジされ派生し、SNSで拡散

されていく。海外では、エピック（epic：本来は叙事詩という意味だが、

スラングで最高・スゲエという意味）な写真や動画が撮れたときには「That should be a meme.（ミームにした方がよい!）」と会話になるほど、人々の生活に根付いたインターネットカルチャーだが、なぜか日本にはあまり近しい文化がない。

　ミームは笑いが取れるおバカで楽しい画像ネタだけでなく、政治について風刺的に取り上げられたり、教育的なメッセージや社会問題が含まれていたりなど、時事問題を知らせる役割を持つ。メッセージを1枚の画像ネタで表現することができるので便利だが、個人のSNSで投稿するときには、少し注意が必要。ミームは、見る人の共感を得ることで拡散されていくため、1枚の画像だけで価値観や笑いのセンスが代弁されてしまうからだ。とはいえ、流行りのミームの元ネタやテキストの意味を理解すると、外国人と冗談を言い合えたり、英語力とセンスがあるおもしろい人になれちゃうのでぜひともチェックしてほしい!

● **Philosoraptor**
［哲学者］

物事のあり方について、かなり深く考えているいかにもな内容。

英語訳 ヒップスターがもし一般的になったら、ヒップスターは一体なにになるんだろう。

● **Distracted boyfriend**
[気が散る彼氏]

男性＝自分、彼女＝現実やあるもの、
すれ違う美女＝理想や求めているもの。

英語訳 俺、仕事、ガチでそれ以外なんでも

「ハッシュタグ」とは?

　Twitterから生まれ、その他SNSでも使用されている。#シャープマークを単語やキーワードにつけ投稿を分類するための機能。同じハッシュタグを付けた投稿が収集されるため、同じトピックについて発信されている投稿の検索が容易になる。

　日本人にとってハッシュタグが身近になったのは、Instagramの流行によって、投稿内容の説明を無数のハッシュタグで表すようになってからのようだが、外国で使用されているハッシュタグの性質について少しだけ紹介したい。

Instagram独自のハッシュタグ

Instagram独自のハッシュタグが多く生まれる。「いいね」欲しさにハッシュタグをつけることも多い。#fashion #food #ramenなど写真に関連する一般的な言葉がラベル的に使用される。

#likeforlike —— likeをしてくれたらlikeを返すよの意味

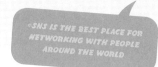

#instagood —— 食べ物に関する投稿。映えてなくてもOK

#nofilter —— フィルターなしの写真であることのアピール

#tbt —— Throwback Thursdayの略で懐かしい写真を木曜日 に投稿する

#instamood —— とにかくInstagramをあげたい気分だという主張

Hashtag Activism

時事問題に関するハッシュタグが形成され、Twitter、Facebook、Instagramなどの SNSに幅広い世代が共通のハッシュタグを使い、それぞれの意見や思いを投稿すること。話題は政治的、セクシュアリティ、人権問題など多岐に渡る。Hashtag Activismによりメディアの報道にも大きな影響を与えている。ぜひ、それぞれどのような意味をもつハッシュタグなのか調べてほしい!

#BlackLivesMatter　　**#MeToo**　　**#Fakenews**

　ミームやハッシュタグがついた SNS投稿を日頃からチェックすることで、時代の流れや、世界のトレンドがわかったり、共通の趣味の人をみつけることができる。また、英語特有の皮肉表現が理解できたり、投稿者の人柄や考え方が読み取れて、英語表現の多様性と豊かさに気がつき、英語ってやっぱり楽しいなとモチベーションが上がったりするので、どんどん SNSを活用してみてほしい!

COLUMN

EPISODE 2

いいデート
してる？

恋のルール

The secret to a happy relationship is that the woman must always feel like she comes first.

幸せの関係の秘訣は
女性が最優先と思わせること。

出会いのなかで、あ、この子とデートしたいなと思ったら、早速誘おう。
一生懸命考えたデートプランで何回笑顔を見せてくれるだろう。
やっぱデートって楽しい!

デートしよう
デートの決め台詞
ほめまくろう
こんなときどうする? 怒っちゃった
こんなときどうする? ごめんね
しめくくりはありがとう

デートしよう

気になるあの子をデートに誘ってみよう。
気軽に声をかけて、「ストレートに予定を聞く」のがベスト。
シンプルで、お互い気を使うこともない誘いの基本となるはずだ。

What are you up to this fine evening?

今宵はなにしている？

「今宵」という言葉を使ってエスコートする気持ちで誘う。
この後おもしろい映画がやっているんだとか、おいしいお店を見つけたとかと
興味ありそうな題材をもって、付き合ってほしいと頼んでみよう。

「今宵はなにしている？」
「特にないけど、やる？」

＊Netflix and Chill ＝ セックスをする

デートしよう❷

突然な
申し出

Can I crash at
your place??

きみのところに上がりこんでいい？？

Point

このフレーズはセクシュアルな誘いではなく、
床でもどこでもいいからとにかく寝ていい？という感じのニュアンス。
単刀直入に聞くのではなく、遠回しに聞くのならばアリだ。

基本

You got time for lunch next Sunday?

日曜日、ランチする時間ある?

Can I buy you a drink?

おごるから飲まない?

How about a movie tomorrow night?

明日の夜、映画でもどう?

Do you want to hang out with me this weekend?

週末一緒にハングアウトしない?

デートしよう
切り出し方

それでも、ストレートに聞くのはちょっと気がひけるのならば、
デートに行かないと聞く前の思わせぶりな
じれったい前置きフレーズを入れるのはどうだろうか。

前置き

Can I ask you a question?

質問があるんだけどいい？

誘い

I want to know if you can join me for dinner Friday night.

金曜の夜にディナーに行かないか知りたくて。

Point

前置きを言うことで、相手はピンと来る。その反応によって誘いをやめてもいい。
"Sure. What do you want to know?（もちろん。なにを知りたいの？）"と
問われたらデートに誘うべし。

前置き

Can I share something with you?

告白があるんだけど？

Here's the elevator pitch.

かいつまんで言うとさ。

Got a minute?

ちょっと時間ある？

I was thinking...

考えたんだけど…

誘い

That maybe we should get to know each other better.

もっとお互いよく知ったほうがいいんじゃないかな。

前置き

I've got good news and bad news.

いいニュースと悪いニュースがあるんだけど。　＊使用例はP104参照

デートしよう
相手に言わせる

相手が自分のことに好意を持っていることはわかっていても
なかなか誘ってくれない。
そんなウジウジを解消するには導かせて言わせるのがいい。

Your move, buddy.

あなたの番よ。

"buddy"は「親友」という意味。米英語で通常男性同士で呼び合う。
そこをあえて女子がなかなかデートの相手へアップグレードされない場合に
使ってみよう。ただし、初デートなどでは絶対に言わないので注意。

王道

Weren't you gonna say something?

言いたいことあったんじゃない?

Okay, your call.

きみ次第だよ。

So, what's on your mind?

なにか気になっていることがあるんじゃない?

これで返事が"Nothing's going on.(なにもない。)"って
言われちゃったら、相手からの誘いはあきらめて、
「気になる映画があるんだけど?」って切り出そう。

デートしてもいいよ

ここではデートの返事でも「いいよ」の黄金フレーズを紹介する。
ほかの言い回しや断りの返事をするならば、
Episode1のP50を参照にしてほしい。

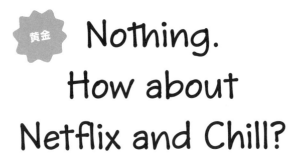

黄金

Nothing.
How about
Netflix and Chill?

特にないけど。ヤる？

Point

Netflix and Chill は「セックスをする」という意味がある。
ズボラかもしれないけど、お金もかからないし、家でまったりするには
ちょうどいいよね。

黄金

I thought you'd never ask.

やっと誘ってくれたね。

女子でも男子でも使えるフレーズ。
これを言った途端に相手も両思いが見えるので、有頂天になって、
楽しいデートプランを練ってくるはずだ。

いいデート
してる?

デートの決め台詞

さて、デートだ。決め台詞は必ずしもカッコよくする必要はない。
彼女や彼がおもしろがってくれるための盛り上げラインを用意するだけだ。
幕開けはしっかり盛り上げよう。

ラッパー風

My parents call me Nick, but my rap name, it's "All Up to You"

親はニックと呼ぶが、俺のラップ名はきみ次第だ。

Point

ラッパーになった気持ちで、自分の良さと強みをおもしろおかしく伝えよう。
上級者は韻を踏んでもよい。答えは"Let me think about it while I get to know
you better.（もうちょっと知ってから考えさせて。）"と言ってもよし。
ちなみに"Bozo"は"Bozo the clown"という世界的に有名なピエロの名前から来る。

「俺のラップ名はきみ次第だ。」
「バーカっていうのはどう？笑。」

デートの決め台詞 ❷

ラブラブ
の台詞

Let me know
when it stops being
cute and turns
into stalking.

ストーカー化したら教えて。

Point

ラブラブのときのみ使える。
ストーカーするぐらい大好きという気持ちを冗談めいて言うのがコツ。
もち初対面では嫌われちゃうのでご注意を。返答はさらっとクールな返答でね。

基本の乾杯

Cheers!

乾杯!

乾杯!

Here's to getting to know you.

お近づきのしるしに。

Here's to new beginnings.

新しい出会いに。

What do you say we open this baby up?

とりあえず、こいつの栓を抜こうか？

Point

目などかわいいと思うポイントも入れて祝福しよう。
恥ずかしいなんて思ってはいけない。「ほめフレーズ」(参照P78)を入れると
ロマンチックな時間が過ごせるぞ。答えは"Sounds good.(いいね。)"または
"Mmm! Now, that's good. Good wine makes me horny.(おいしい！
いいワインってムラムラしちゃうよね。あれ?)"がおすすめ。

いいデート
してる?

ほめまくろう

会話の端々にほめ言葉を入れまくろう。言われて相手も悪い気分でないはずだ。
ほめてほめてほめまくって無駄になることはない。
単純に楽しい時間を過ごせる。

知性を
ほめる
上級技

You are so intellectually stimulating.

きみって知性的に刺激的だ。

相手の知性を刺激的とほめる上級技。ほか、ほめる要素はいくらでもある。
洋服や髪型、もしくは目などもほめる対象になる。
ただ言いすぎると逆に不信感を招くので注意は必要だ。

「きみって知性的に刺激的だ。」
「いい意味で？」

いいデート
してる?

ほめまくろう ❷

月並み
キラーワード

I love your smile!

笑顔がステキ!

Point

服装やアクセサリーをほめるよりも相手の表情をほめるのは最上級の言葉。
月並みでも楽しいデートの幕開けになる。

月並みキラーワード

You look great!

ステキだ!

You have a great sense of humor.

きみっておもしろいね。

Why are you so mysterious!?

なんて興味深いんだ!?

女子用

Your voice makes me tingle...

あなたの声ってしびれる。ちょっと妖艶に。

女子ウケ

Why are you so beautiful / cute?

なんでそんなにきれい/かわいいんだ?

ラフ&直球

You're so fucking awesome!

まじ、きみって最高だね。

ほめられたら
ありがとう

ほめ言葉を言われたら、答えてこそ恋がはじまる。
ただ、答えもありがとうだけではつまらない。
ウィットある返しを大人のマナーとして答えたい。十分復習しよう。

How perceptive of you.
Thanks.

あなたって鋭いのね。ありがとう。

ほめられてもあまり嬉しくない、そんなん知っているわと皮肉ある返答。
でもさ、デート中は皮肉を言ってもシラけるから、やはり素直に
ありがとうと言えることも大切だね。

ほめられて
いないけど
受け入れる

I'll take it.

十分だ。

Point

ほめられてないけど、受け取るよというときに使う。
ほめられてなくても、それで全然いいよ!OKだよ!と返して、
必死に恋する気持ちをアピールしよう。

ほめられたら
ありがとう❷

いいデート
してる?

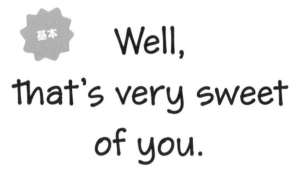

基本

Well,
that's very sweet
of you.

嬉しいこと言うね。ありがとう。

"sweet"は、甘いやかわいいという意味だけではなく、
「やさしいのね/思いやりある」という意味もある。
ほめられた以外にも相手に励まされた、やさしくしてもらったときにも使える。

I'm beyond grateful.

なんて感謝したらよいやら。

> ## Whoa, that's very classy.
> やさしいね。

That's very kind.

ご親切にどうも。

Oh, that's very kind of you to say so.

ほめていただいてありがとう。

You're not so bad either.

あなたも悪くないよ。

いいデート
してる?

ほめられて
恥ずかしいとき

まぁすべてありがとうと感謝するだけでは物足りない。
自分の魅力をあえて日本人ならではの奥ゆかしい表現方法で否定して、
火を付ける恋のエンタメを盛り上げよう。

基本

Uh-oh.
Sounds ominous.

不吉な予感。

Point

一旦否定しながら相手の裏の心を測るコミュニケーションテクニック。
この後の反応を見ながら、逆に相手をほめ返そう。

Ouch.

あらら。　＊揚げ足をとられたら使うフレーズ。ここではあえて使う。

What's this now? You need anything?

はい？ なんかあるの？

Are you trying to get lucky?

なんか企んでいる？

In a good way?

いい意味で？

Oh, stop it!

やめてよ〜！

You're so full of shit.

うそ言わないで。

こんなときどうする?
怒っちゃった

相手はそんな気がなくとも、ちょっとしたことや茶化されて
ムカつくことってあるよね。そんなときは怒ってしまおう。
だって、気持ちをわかってほしいから。

Stop staring at my tits!

変なとこ(おっぱい)見ないでよ!

胸をじろじろ見られたら、こう言い返そう。
笑いながら言うと、逆にもっと見てよという意味。
ただまじで怒って言うと、まじ見ないでという意味になる。

「変なとこ（おっぱい）見ないでよ！」
「我慢できなかった。あまりにもステキなので。」

こんなときどうする?
怒っちゃった ❷

超怒り

You'd better be dead.

生きていたら許さない。

Point

恨み節に低い声で言うとリアル過ぎて相手が引くので
「ちょっと文句あるんだけど」と、冗談めいてかわいく言うのがコツ。
でも相手は返す言葉がないけど…。

I've gotta give you a big "fuck you" on that.

まじ、くたばってください。

Go fuck yourself.

うるせえな。

Don't be an asshole.

いやな奴になるなよ。

Don't be a jerk.

いやな奴になるなよ。

You got a fuckin' problem with that?

なんかそれでも文句があるのか？

You're such a bitch.

なんていう性格の悪い女だ。

いいデート
してる?

こんなときどうする?
言い返してみる?

ばかにされてちょっと言い争いやケンカをしたいときに使うフレーズ。
いずれも言い方ひとつで才覚が問われるので、
よ〜く考えてから発言しよう。

ちょっと
待ってよ

Whoa,
take it easy.
I was just kidding.

ちょっと落ち着いて。冗談だよ。

ヤベェっと思ったら間髪を入れずに「冗談だから」と取り繕うことが大切。
大好きな人ならば、ケンカは早めに終わらせよう。

P88に対して

I couldn't help myself. They're so beautiful.

我慢できなかった。あまりにもステキなので。

さらに反撃する

Wow. Why don't you just cut off my balls?

おっ、俺のタマを取るか？

What crawled up your ass and died?

なにカリカリしてんだ？

You're right, I'm being petty?

そうか、心が狭いか？

Payback's a bitch.

おあいこだね。

2

いいデート
してる?

こんなときどうする?
素直にごめんね

スムーズに楽しいデートをしていても、なにかのきっかけで
相手を傷つけてしまって怒ってしまった場合はどうするのか。
謝って解決するしかない。

Sorry 5活用

I'm sorry.
謝る。

Oh, man. I'm so sorry.
ねぇ、本当にごめんよ。

Seriously. I'm really sorry.
マジで本当にごめん。

Shit, I'm sorry.
くそ、ごめん。

My bad.
悪かった。

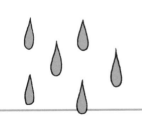

とことん謝る

I didn't mean to offend you.

怒らせるつもりはなかった。

Let me start by saying I'm sorry for some of the things that I said to you.

きみに言ったいくつかのことについて謝りたい。

I take that back. I shouldn't have said that.

ごめん、いまのは言いすぎた。なしにして。

I didn't mean to piss you off.

怒らせるつもりはなかったんだ。

気まずさ解消

Let's hit reset and start over.

やり直さないか。

2

いいデート
してる?

デートのしめくくりは
ありがとう

楽しかったデートの総仕上げには、まっすぐな気持ちを伝えよう。
そんな攻めのスタンスの余韻を示すことで、一歩先の関係、
次へのデートにつながる確率が高まるのだ。

王道

I haven't had so much
fun in a long time.
We have to do it again.

こんな楽しいこと長いことなかった。
またデートしようよ。

Point

元気に言うだけではなく、声のトーンや愛嬌ある表情を駆使して
「必死だけどかわいい」を印象づけよう。

「こんな楽しいこと長いことなかった。またデートしようよ。」
「ね、そうしよ。」

2 デートのしめくくりは ありがとう❷

王道

I hope you had as much fun as I did.

ぼくのように楽しんでくれたら嬉しいよ。

Point

王道以外にもP99のキラーフレーズのような
クサイぐらいのロマンチックなセリフを言うだけで、
恋愛の舞台が次のステージに飛躍的にアップしたことがわかるはず。
"Oh, you are so sentimental.(感傷的なのね!)"と返す。

キラーフレーズ

Yes. You're my very best, and your guidance and inspiration is crucial to me.

そう。きみってサイコー、オレの人生に不可欠だ。

This is the best time I've had in a long time.

こんなすばらしい出来事は長いことなかった。

チョイ皮肉

The food and service were so-so, but I gotta say the company was awesome.

食事とサービスはまあまあだったけど、きみはサイコーだよ。

かなり皮肉

I had such a shitty time that I want to see you again tomorrow.

本当に最悪の時間だった。明日も会いたいぐらいだよ。

2 デートのしめくくりは ありがとう ❸

いいデートしてる?

・・・・・・・・・・・・・・・・・・・・・・・・・・・・・・・

LINEで送る感謝

You are the best!

サイコーだよ!

You're so sweet!

ホント優しいのね!

You are amazing!

ステキな人だ!

NICK

YOU ARE THE BEST!

JESSIE

HOPE TO SEE YOU SOON

LINEで送るまた会おう

Keep in touch.

連絡取り合おう。

I'm glad we finally met.

やっと会えてうれしかったよ。

Let's hang out again.

また会おう。

Hope to see you soon.

近いうちに会おう。

こちらこそ

締めくくりの答えには、最高の時間だったねと返したい。
次のデートも楽しくなる余韻を残すには相手の目を見て笑みを浮かべると
効果マックスに。大人な会話術を身につけよう。

模範解答

Likewise!

同じ意見。

次の誘いにも乗る場合

I'd like that.

ぜひ。

I'm with you.

いいよ。

Lead the way!

ぜひ。

皮肉な答え

That's good. Where'd you get that?

うまいね、誰の言葉だ?

Oh, you're so sentimental.

なんてきみは感傷的なんだ。

Sure beats drinking alone.

ひとり飲みよりはマシか。

終わりにしたい場合

This was about as much fun as a trip to the dentist.

歯医者に行くのと同じぐらい楽しかった。（つまりもう会いたくない）

かなり皮肉

Thanks for the drinks, but you're not as funny as you think you are. Good night!

ごちそうさま。だけど、あなたって自分で思っているほどおもしろくないよ。
じゃあね。

I don't think so.

そんなことなかったよ。

で演じてみよう

英語の上達には映画の主人公のようになって演じてみることが大切だ。
声を出して繰り返すことでフレーズを身につけ、生きた英会話ができる。

いいデートしてる？シーン1
デートのお誘い

NICK: Uh I've got good news and bad news.

JESSIE: What is it?

NICK: The good news is that I happen to be free on Saturdays and Sundays, and I want to go to the movies and restaurants that are getting all the rave reviews, but the bad news is that I have nobody to hang with.

JESSIE: In short, what is it you want to say?

NICK: Okay, right. Here goes. What are you up to this fine weekend?

JESSIE: Well, I guess I would say yes to having fun with you. Which foodie restaurant are you going to take me to?

ニック： いい知らせと悪い知らせがあるんだけど。

ジェシー：なあに？

ニック： いい知らせは、たまたま土曜と日曜が空いていて、
　　　　気になっている映画とレストランに行きたいんだけど、
　　　　悪い知らせは一緒に行く相手がいないんだ。

ジェシー：要するになにが言いたの？

ニック： 話すよ。あのさ、週末はなにしている？

ジェシー：そうね、答えはイエスで、大丈夫。
　　　　どこの食通なレストラン連れてってくれるの？

105

いいデートしてる？シーン2
怒っちゃった

NICK: You are so intellectually stimulating.

JESSIE: In a good way?

NICK: Naturally, in a good way.

JESSIE: Hey, stop staring at my tits!

NICK: I couldn't help myself. They're so beautiful.

JESSIE: You've just said intellectually but physically stimulating right? Such bullshit. I've gotta give you a big "fuck you" on that.

NICK: I'm assuming it's your fault. Am I wrong? But I didn't mean to offend you.

JESSIE: I'm going. Bye now. This was about as much fun as a trip to the dentist.

NICK: Oh, man. I'm so sorry!

ニック：　きみって知性的に刺激的だ。

ジェシー：いい意味で？

ニック：　もちろん、いい意味だよ。

ジェシー：ちょっと！ 変なとこ（おっぱい）見ないでよ！

ニック：　我慢できなかった。あまりにもステキなので。

ジェシー：さっき知性って言ったけど、肉体的なんだね。
　　　　　もし、カラダ目当てだったらまじ、くたばってください。

ニック：　だってきみのせいだろう？違う？
　　　　　だけど、怒らせるつもりはなかった。ごめん。

ジェシー：帰るわ。じゃ。歯医者に行くのと同じぐらい楽しかった。
　　　　　（つまりもう会いたくない）

ニック：　本当にごめんよ～～～！

使えると
カッチョイイスラング

タイトルにあるカッチョイイがいまとなっては死語であるように、スラングも日々進化し続け、使用される国や世代間によっては捉え方のギャップが存在する。適材適所で相手と場所をわきまえてかっこよく使おう！

　英単語を覚えるような感覚でスラングを覚え、用途をわかったつもりになっていても東京人が大阪弁を話すような残念な事態になってしまい、誤解を招いたり、イキった人と思われてしまうので注意が必要だ。とはいえ、シビレる英語を勉強している読者には意味だけでなく言葉が持つニュアンスをきちんと理解した上で使ってほしい2020年の最新スラングを紹介しよう。ここで2020年と強調するのはスラングは変化し続ける表現だからである。もし2025年に手に取った読者ならば、いまでも使われているスラングかどうかググってみてほしい。

1. Basic　対象：老若男女（20-30代が主流）

意味 tragically mainstream. 悲劇的なくらいに普通、目新しさがない。流行り好き。オリジナリティに欠ける。ありきたり。ごく一般的。

ニュアンス 個性がなく流行りものが好きな人や、ありきたりすぎてつまらない状況に対してネガティブな意味合いで使われる。

使用例1 Tomo : What's your type?（どんな子がタイプ？）

Ian : Big tits, big ass.（おっぱいとケツがでかい子。）

Tomo : Man, you're basic AF (as fuck).（うわー、お前普通すぎて

やばい。）

使用例2 Sarah : **Omg look at Hanako's Instagram story, she's at Starpucks again!** （はなこのインスタ見た？またスタバに行ってるみたい。）

Alex : **Ugh, she is so basic!** （げ、本当彼女って流行り好きだよね。）

2. Throw shade　　対象：老若男女（20-30代が主流）

意味 insult someone. 悪口をいう。小馬鹿にする。

ニュアンス 本人がいないところで陰口を叩くというよりも本人を目の前にして、相手を小バカにすること。人をからかうこと、イジること。

使用例1 Kazuko : **Some people can be so messy.** （まぁ、散らかしちゃう人っているよね。）

Everyone : **(Looks over at Shiori)** （一同がしおりを見る）

Shiori : **Hey! Did you just throw shade at me!?** （おい！わたしのこといま悪く言った？）

使用例2 Tomo : **Did you notice the way he was talking last night?** （昨晩の彼の話し方についてだけど気づいた？）

Alex : **Omg I know! He was throwing shade at everyone for no reason!** （あぁ！わかる！なにも理由なくずっとみんなのこと小バカにしてたよね。）

3. Low-key　対象：老若男女（20-30代が主流）

意味 secretly 密かに。控えめに言っても実のところ密かに○○○である。

ニュアンス あまり大きな声では言えないけれども実は○○○である秘密
や、密かに抱いている思いを吐露する場合に使われる。

使用例1 Kanako：I low-key can't stand talking to her.（実は彼女と話すと
耐えられなかったりするんだよね。）

　　　　 Ian：　　Yeah, well... I low-key hate talking to all people.
（そっか。ぼくに関しては、だれに対しても話すのいやだって感じ。）

使用例2 Alex：Wow, you look so tired today.（わー、なんか今日すっごい
疲れてるね。）

　　　 Shiori：Ugh, it's been such a long week... I low-key hate
my job.（今週本当長すぎ。わたし密かにこの仕事嫌いだわ。）

4. Tea　対象：老若男女（20-30代が主流）

意味 gossip/drama. ゴシップや噂話。昔はbeans（豆）が主流だったが、
最近ではteaに。

ニュアンス 秘密の話、ゴシップや噂話、なにかうちに秘めた思いや話。
それらを暴露するときに使われる。

使用例1 Sarah：OMG you won't believe what this bitch just told
me.（やばいやばい!あの嫌な女がわたしに言ってきたこと信じらんな

いよ!)

Kanako : **What?? Hurry up and spill the tea!** (なに?はやく教えて! 暴露して!)

使用例2 Kazuko looks irritated. (かずこがイライラしている。)

Ian : **Kazuko, what's the tea?** (かずこ, なにか話したいことあるの?)

Kazuko : **I'm not ready to spill yet...** (まだ、暴露できないよ。)

Ian : **Damn...this better be some good tea then.** (えー、なんで。いい話だといいんだけどね。)

　紹介した4つのスラングは、非ネイティブが使用しても比較的リスクが低い。やはり生きたスラングを学ぶのは外国人の友人とのリアルな会話から! スラングのニュアンスと意味合いを文脈やイントネーションから読み取り、実際にネイティブに使い方が合っているかどうかを確認しながら使うことをおすすめする。非ネイティブが、なんとなくかっこよく聞こえるスラングを頑張ってネイティブっぽく話すのが許されるのは、最初と英会話初心者だけなので要注意だ!

こんな話の つかみが あったんだ

The basis of
open communication is to be
able to connect and carry on.

心を開くコミュニケーションの基本は
話をつないで相手を乗せていくこと。

英会話のみならず日本語でも会話のコツは
「ほめること」と「あいづち」だ。
きっと会話の相棒となり、
意外な話を引き出す
打ち出の小槌になる。

Sorry I'm lateの後に

デートの決め台詞

あれ、シラけた?

自虐・失敗談から始めよう

皮肉なあいづち

ウケる!

3

こんな話の
つかみがあったんだ

Sorry I'm late
の後に

相手が遅れて来たとき、「いいよ、大丈夫だ」と返すだけで、
会話を終わらせていないだろうか。
ちょっとしたユーモアあるひと言が対話の前菜となる。

王道

I'm assuming
you had a hard time
picking out the shoes.

靴を決められなかったか。

「遅い!」とイラつく態度や、「いいよ」と許すのではなく、
ウィットのある返しを言える大人なフレーズ。
靴以外にも、洋服や化粧が濃い場合などもピックしてもよい。

「遅れてごめん。」
「靴を決められなかったか。」

3

こんな話の
つかみが
あったんだ

Sorry I'm late
の後に ❷

Don't worry.
I'm used to it
by now.

大丈夫。もう慣れたから。

遅刻の常習犯もすんなりと受け入れられて、悪意ないけど少し皮肉があるフレーズ。
答えには" Aw, give me a break.（そんなこと言わないでよ。）" って
言ってすぐ次の話題をふろう。

Don't worry. That's nothing new.

大丈夫。いつものことじゃないか。

It's all good. You're a slow worker.

大丈夫。遅いのわかっているから。

No problem. I was just checking out the local talent.

大丈夫。店の娘たちを眺めていたよ。

I'm glad you didn't blow me off.

すっぽかされなくてよかった。

No worries. I was just getting warmed up.

心配ご無用。先に始めていたよ。

友情に乾杯！

デートとは違う友だち同士の乾杯は、
士気をあげる、もしくは絆を深める、乾杯しよう。
このジェントルマン（レディ？）協定な幕開けで一生の付き合いにして行こう。

To my new partner
in crime.

新たな共犯者に。

より深い友だち関係を目指す言葉ならばこのフレーズ。
グラスをあげながら、もしくは、欧米風に席を立って、
シンプルに友情のはじまりに感謝して始めると盛り上がる。

DISCOVERING COOL CONVERSATION LEAD-INS

「新たな共犯者に。」
「もうめんどうなことは飛ばして、飲もうぜ。」

自慢する

物を引けらかすような単なる自慢話では人の関心は魅かないだろう。
むしろ、笑いネタになるような自慢を可愛く言うユーモアが必要。
相当高等な英会話テクだ。

いまどきな
自慢

People say I'm a "very stable genius".

人は安定した天才と呼ぶ。

自己紹介にでも使用したトランプ大統領の名台詞を活用してみよう。
もちろん、まじに言うのではなく、大統領のようにおもしろおかしく言うのがコツ。

DISCOVERING COOL CONVERSATION LEAD-INS

「人は安定した天才と呼ぶ。」
「トランプみたいに？」

3

自慢する ❷

女子用

Guys say I'm an "Ageman". A girl who brings good luck if you have sex with her. / A lucky lay.

男どもはわたしのことあげまんって呼ぶわ。
つまり、男に幸運をもたらす床上手ってこと/
床で幸運を呼ぶってこと。

Point

あげまんという日本独特のスラングを使って自慢してみよう。
特にちょっとヤバいものはウケること間違いなしで、
興味を示してくれる可能性がある。

意識高い系

They say that I'm a go-getter.

意識が高いと言われちゃった。

Point

"Go-getter（意識高い系）"はポジティブなニュアンスを含む「前向き」という意味。
ネガティブなニュアンスには"Smart aleck"と言い、
アレックという詐欺師の実話から来る。

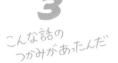

自慢話のあいづち

自慢話に付き合わされるのもたまったもんじゃない。
ここはクールに返すか、無言を決め込むのも手だが、
気の利いた言葉で返すのが度量の見せどころなのだ。

Bullshit.

うそつくな。

Point

このひと言を言うためには、オーバーなリアクションをつけながら
ブーを伸ばして言うこと。そうすれば相手をからかっているように聞こえる。
ほか"That is such bullshit.（うそだ。)"も。
自慢話をしたほうも"Honest to God.（本当だよ。)"と必死に訴えよう。

シラけた返答

That's good to know.

そりゃよかった。

That's nice.

よかったね。

Wow, that's impressive. So?

そりゃすごいね。だから？

Yeah right.

あっそ。

I suppose.

さあ、どうかな。

Oh...Anything else?

ほかには？

あれ、シラけた？

こんな話の
つかみがあったんだ

どんなに盛り上がっていても、
シーンとした間やシラけて無言になってしまう瞬間がある。
そんなときは皮肉ではなくウィットあるひと言で、次の展開に進めよう。

GOLD

All right, will someone please break the fuckin' ice.

だれかこの間をなんとかしてくれ。

break the iceを直訳すると、この凍りついた雰囲気を壊してとなるが、
シラけたときに「(座を和やかにするために)話の口火を切る」、
「緊張をほぐす」という意味がある。

「だれかこの間をなんとかしてくれ！」
「それには乾杯！」

3

こんな話の
つかみがあったんだ

あれ、シラけた？❷

Nothing, huh?
Well, all right.

（ジョークが受けなかったときの）
あれ、ダメか？

Point

ホントにしらけているときには皮肉も言いたくなるもの。
だが、皮肉には皮肉が帰ってくる。
言うならば覚悟して次の一手を考えておくぐらいで皮肉を言おう。

Well, I'm havin' a good time.

ああ、楽しいね。

Are you trying to be funny?

それってジョークのつもり？

I haven't had so much fun since my cat died.

ぼくのネコが死んじゃったときと同じぐらい楽しいよ。

Let's hit the reset button and start this party over.

リセットボタンを押して、やり直そうぜ。

Can we stop being so fuckin' polite, and start having some fun?

そんなかしこまらないで楽しもうぜ！

No sense of meditation, okay. I'll send you healing vibes.

瞑想タイムってこと伝わらないか。ではこの癒しバイブスを送るぜ。

3

シラけたときの
うなづき

シラけた間をつなぐ気の利いた合いの手もまた重要になる。
シラけた間は、むしろエンタテイメントの演出と解すべき。
返す会話術で場を和ませるに限る。

`3大そのとおり`

Abso-fuckin-lutely.

言うとおりだ。

Definitely.

言うとおりだ。

Totally.

言うとおりだ。

基本

You nailed it.

決まったね。

Good job.

がんばった。

You are hilarious.

爆笑ね。

I'll leave it to you to break the ice.

この間をなんとかするのはきみに任せるよ。

You made me laugh so hard that I almost shit my pants.

あまりにもおかしくてウンコもらしそうだよ。

P129の Well, I'm havin' a good time.（ああ、楽しいね。）に対しての模範解答

I'm glad I could amuse you.

楽しんでくれてうれしいよ。

3

こんな話の
つかみがあったんだ

自虐ネタ・失敗談
から始める

名編集者ほど成功した話より失敗談をおもしろおかしくネタにするという。
そう、失敗談を語ることは、相手の興味を引く
コミュニケーションの極意なのである。

I've been married
three times and,
I can't think of
one pleasant anecdote.

3回結婚したけどいい逸話はひとつもないよ。

悲しいこともおもしろおかしく伝えるのがコツ。
そうすれば盛り上がるし、相手を惹きつけることもできる。
暗く言うのは単なる愚痴。同情を求めているだけでみじめなので注意だ。

「3回結婚したけどいい逸話はひとつもないよ。」
「ま、まだ生きてるだけマシじゃないか！」

3

こんな話の
つかみがあったんだ

自虐ネタ・失敗談
から始める❷

Don't ask me to sing.
You're gonna
regret it.

オレに歌わせたら後悔するぞ。

カラオケ行きたいけど、行かない?と誘うと断られる可能性があるならば、
こんなトピックを持っていこう。相手も興味を持ってくれるはずだ。

I seem to have a habit of bungling things up, but at least you get a good laugh out of it.

わたしってすぐバカをする癖があるけど、ウケるからいいか。

Maybe you didn't notice. I am on a liquid diet.

知らない？ 酒しか飲まないよ。

Hey, I may be fat but I have a great personality!

ねえ、わたし太ってるけど性格は最高よ。

I'm not really good with numbers. There's one two and many.

わたし数字弱いの。数は1と2以上はたくさん。

皮肉なあいづち

失敗談を披露した相手に言う
「確かにひどいな」「それ笑えない」などの皮肉なフレーズ。
そこから自分の失敗ネタを話して互いのダメさ加減を笑うのも手だ。
もちろん、P144からの「ウケる」の返事も可能なので参照しておこう。

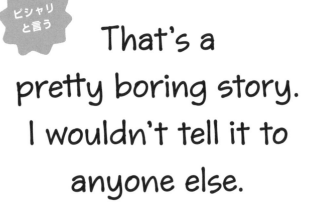

ピシャリ
と言う

That's a
pretty boring story.
I wouldn't tell it to
anyone else.

ほかの人に言わないほうがいい。

Point

かなり失礼なフレーズ。仲のよい友だち通しで、相手がジョークだったり、
ボケたときなど、空気を読んで発言すること。
さもなくば炎上することに。

直球な返し

That sounds awful.

ひどいな。

Not cool, man. Not cool.

失礼だな。

Utterly farcical.

茶番だ。

And now, I'm feeling bad.

こっちまで惨めな気持ちになってきた。

I don't give a shit.

どうでもいいし。

3

こんな話の
つかみが あったんだ

皮肉なあいづち ❷

Yeah, we're civilized people. We keep our shame and suffering to ourselves.

我々文明人は恥や苦悩を隠すものだ。

Point

自虐ネタで笑えないほど、ひどい場合に文化人として、知的な返しをしよう。
まじめぶって、皮肉に捉えてもらえる演技力はマストだ。
こんなあいづち返されたら"I shit you not."と訴えよう。

Whatever you need to believe, buddy.

思いたいように。

What do you want me to say?

なんて言えばいい?

You're fucking kidding me.

マジか? ＊答えは "I shit you not. (マジだ)"

Humiliation doesn't bother you, does it?

屈辱に強いな?

But, at least you're still around.

ま、まだ生きてるだけマシじゃないか。

Well, that's good news. You should have at least one thing in your life that's working out.

よかった、みんななにかひとつは成功したほうがいい。

3

こんな話の
つかみがあったんだ

失敗談からの
なぐさめ

人の失敗談は聞いておもしろいけど、自分のことを振り返ると身にしみる。
一緒に失敗を共有して、なぐさめるのが友だちってことだよね。
でも、ひどいと思った場合はP136の皮肉なあいづちへ。

Why didn't you tell
me earlier?

なんで早く言ってくれなかったんだ？

相手が意外と深刻な失敗談ならば、
相談に乗るよ、助けたのにという姿勢を示すフレーズ。
そのフレーズ後もっと早く言ってくれればみんなにおもしろく広めたのに
と言う皮肉にも使える。

「なんで黙っていたんだ？」
「次には知らせるよ。」
「頼むよ。」

3

失敗談からの
なぐさめ❷

言い過ぎ
ぐらい
模範

That's why I love you,
and I look forward to
more surprises.

だからあなたを愛している。今後も楽しみにしている。

どんなに失敗しても、あなたの個性は宝だ!と断言しきってやさしく受け止める。
希望を持たせる上げ過ぎフレーズ。

次がんばってね模範

You know what the right thing to do is. Just do it.

すべきことはわかってるでしょ。やるのよ。

I don't mean to pry but you just can't sit around here and worry.

詮索する気はないけど、ただ心配してても無駄よ。

Look at you connecting the dots.

事情が飲み込めてきたようね。

The third time's the charm.

3度めの正直だ。

Yeah, that's what shit does. It happens. Shit happens.

クソと同じで。出るものは出るからね。

Let's just thank God they found the problem before it was too late.

問題が見つかるのが手遅れになる前でよかった。

ウケる!

相手が自虐や失敗談をおもしろおかしく伝えて来たら、
一緒に盛り上がってウケよう。もちろんほかの話題でもウケた場合にも使える。
会話は盛り上げてナンボ。

This is gonna kill you!

こりゃおもしろいぞ!

大げさなジェスチャーを交えてウケるのがコツ。
killは「殺す」という意味があるが、「すごくまたは死ぬほど笑える」という意味で
使われることが多い。

「こりゃおもしろいぞ！」

「うん、言って。」

3
こんな話の
つかみがあったんだ

ウケる！❷

名言だな

Wow!
That's a good one.
Where'd you
get it from?

おぉ、うまいね、どこからパクった？

Point

相手の失敗談を持ち上げて、
逆にそれってすごいことじゃない?と思わせてしまうフレーズ。
もちろん、失敗談だけじゃなく、すばらしいと思ったら使おう。

That's some deep shit. You gotta write it down.

すげえ深いこと言ってるな。書き留めないと。

Words to live by.

座右の銘だな。

That's a classic line.

名セリフだね。

That's epic!

歴史に残るな！

That's classic.

ウケる！

Amen.

アーメン。

＊英語では「エーメン」と言う。キリスト教で祈りの最後に唱える言葉。ヘブライ語で「誠に、たしかに」を意味する

Fucking A!

やったね！

DISCOVERING COOL CONVERSATION LEAD-INS

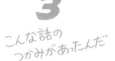

初級のあいづち ❶

こんな話の
つかみがあったんだ

会話には漫才のようなテンポが必要。
話を続けるには、いいあいづちがマストになる。基本のあいづちは
繰り返し使えるので、シャドーイングして自分の言葉にしよう。

まじ？

For real? How so?

へえ、ホント？どんな風に？

No way!

あり得へん！

Are you sure?

まじ？

Wait, what?

えっ、なんつった？ *発音の強弱をつけて言うと、よりツッコミ感出ます

What the fuck?

なんなんだよ。 *いい意味で、マジかよとしても使える

Holy fuck!

（驚きながら）うそでしょ！

You nearly made me shit a brick!

超ビックリさせないでよ。

No shit!

マジっすか!?

いいね〜 ＆ほめる

That's nice.

いいね。

Terrific!

いいね！

Oof. I envy you.

うらやましいな。

That's smart.

賢いな。

DISCOVERING COOL CONVERSATION LEAD-INS

3

こんな話の
つかみがあったんだ

初級のあいづち❷

ダサ目だけど、
あえて使う
「ちょーやば」
8大フレーズ

Fucking FRESH!

Fucking DOPE!

Fucking RAD!

Fucking BAD(ass)!

Fucking STUPID!

Fucking AWESOME!

The Fucking SHIT!

Fucking BULLSHIT!

Point

日本語では「チョベリバ」(1990年代後半に10代、20代や女子中学生、
高校生などの間で使われた若者言葉)ぐらい古い表現をあえて使う。
どのフレーズも"Fucking(とても)"の強調表現を付け加えると
笑えるおもしろさが増す。

SCRIPT
で演じてみよう

英語の上達には映画の主人公のようになって演じてみることが大切だ。
声を出して繰り返すことでフレーズを身につけ、生きた英会話ができる。

話のつかみシーン1
遅れてごめんね

BEAT: Sorry I'm late.

SUNNY: Wow. Haha, cool outfit. You dress unique. I guess you had a hard time picking out the shoes.

BEAT: Aw, give me a break. I seem to have a habit of bungling things up, but at least you get a good laugh out of it.

SUNNY: My bad. Do you wanna go grab something to eat?

BEAT: Maybe you didn't notice, but I'm on a liquid diet.

SUNNY: Seriously? Me too! Let's just skip the bullshit and drink to that!

ピート： 遅れてごめん。

サニー： おっ。なかなかユニークなコーディネイトだな（笑）。
　　　　 どの靴を合わせるのか決められなかったのか？

ピート： そんなこと言うなよ。オレってすぐバカをする癖があるけど、
　　　　 ウケるからいいかぁ。

サニー： こっちこそ（からかって）ごめん。なにか食べに行かないか？

ピート： 知らないかもしれないが、酒しか飲まない。

サニー： まじか？オレもそうだ！めんどうなことをやめて乾杯しようぜ！

SCRIPT
で演じてみよう

TRACK 🎵 3-93

話のつかみシーン2
聞いてくれ。元カノ編

BEAT: Hey, this is gonna kill you!

SUNNY: Go for it. I'm all ears but it better be interesting.

BEAT: I happened to bump into my ex-girlfriend at Burger King, and she told me she still loves me and wants to start over again. Hit the reset button...

SUNNY: You're fucking kidding me.

BEAT: I kid you not. And, I'm thinking about it.

SUNNY: Are you trying to be funny? You broke up with her twice! You said she's a total asshole!

BEAT: Well, you know what people say, that the third time's the charm.

SUNNY: Whatever you need to believe, buddy.

ピート： なぁ！ おもしろい話がある。

サニー： なんだ、言ってみろ。聞いてやるからにはおもしろい話だろうな。

ピート： バーガーキングで元カノと偶然ばったり会ってさ、
まだ愛しているからやり直したいって言ってきたんだ。

サニー： マジか？

ピート： マジだ。だから考え直してるんだけど。

サニー： それってジョークか？ 2回も別れたよな！
あいつ最悪だって言ってたじゃん。

ピート： よく人は言うじゃないか、3度めの正直だって。

サニー： （しゃーないなという表情で）思いたいように。

ネイティブが思う
英語がうまい人って?

日常会話やビジネス英語が上手い人の英語習得方法はそれぞれだが、ネイティブが感じる英語が上手な人の共通点ってなんだろう? 振る舞い? ジェスチャー? それとも単語力? 英語がうまい人という印象を与えるチェックリストを紹介。

以下のチェックリストは「この人の英語いいね!」とネイティブが感じるポイントだ。自分の英語力と見比べてみよう!

☐ わからないときに聞き返す言葉を知っている

　What do you mean by XXX.やCould you tell me the

　meaning of XX.など

☐ 言葉や文章が持つトーンやニュアンスをきちんと把握できる

☐ 話すときに次の言葉を考える時間や間が少ない

☐ 感情をきちんと言葉やジェスチャーで表現している

☐ あいづちの代わりにアイコンタクトなど動作や表情で関心を示す

☐ 正確なコミュニケーションよりも心で繋がるコミュニケーションを

　心がけている

☐ 場の空気を読むことができる

　(ふざける場面なのか、まじめな場面なのか)

☐ ユーモアのある返しやジョークが咄嗟に言える

☐ 皮肉やジョークを理解できる

さらに高いレベルを目指すならば下記のポイントだろう。

☐ イディオムやことわざがわかる

☐ 業界用語や専門用語を理解できる

☐ 失礼な言い回しになっていない確認が取れる

☐ Think(思う)の言い換えができる

☐ あいづちを打ち過ぎない

☐ 時事問題について自身の言葉で意見を述べられる

☐ 世界的なニュースやトレンドを理解しそれについての

　　会話がはじめられる

　TOEICなどの英語テストのスコアが高くても、英語がペラペラで外国人とバカ話ができるレベルで話せる日本人は圧倒的に少ない。ここで読者に聞きたいのは、もしかして英語を覚えることがゴールになってしまっていないか？ 英語はただのコミュニケーションツールに過ぎないので、外国人とビジネスをしたり、友達や恋人になる具体的な目的があってこその使い道が本来のゴールではないか？ もちろん覚えた英語の間違いを恐れずトライ＆エラーを繰り返すことは、英語力を成長させる上で不可欠なプロセス。間違えは恐れずにレッツスピークイングリッシュ！

外国人スタッフおすすめ
シビレる映画・ドラマ

本書掲載の皮肉や自虐ネタ、ウィットにとんだ表現、ダークユーモア、クスッと笑える英語の使用例をもっと知るためにTokyo Creativeの外国人スタッフおすすめのドラマ、アニメ、映画、スタンドアップコメディを紹介しよう。

ドラマ

- It's Always Sunny in Philadelphia（『フィラデルフィアは今日も晴れ』）

- Atlanta（『アトランタ』）　・Fargo（『ファーゴ』）

- Orange Is the New Black（『オレンジ・イズ・ニュー・ブラック』）

- Misfits（『Misfits/ミスフィッツ-俺たちエスパー！』）

- Curb Your Enthusiasm（『ラリーのミッドライフ★クライシス』）

- Blackadder（『ローワン・アトキンソンのブラックアダー』）

- Shameless（『シェイムレス 俺たちに恥はない』）

アニメ

- Rick and Morty（『リック・アンド・モーティ』）

- South Park（『サウスパーク』）　・Family Guy（『ファミリー・ガイ』）

- BoJack Horseman（『ボージャック・ホースマン』）

- The Simpsons（『ザ・シンプソンズ』）

映画

- In Bruges（『ヒットマンズ・レクイエム』）

- Pulp Fiction (『パルプ・フィクション』)

- Hot Fuzz (『ホット・ファズ　俺たちスーパーポリスメン!』)

- Shaun of the Dead (『ショーン・オブ・ザ・デッド』)

- In the Loop (『イン・ザ・ループ』)

- Office Space (『リストラ・マン』)

- Heathers (『ヘザース/ベロニカの熱い日』)

- Beetlejuice (『ビートルジュース』)

コメディアン

- Dave Chappelle (デイヴ・シャペル)　・Aziz Ansari (アジズ・アンサリ)

- Ronny Chieng (ロニー・チェン)　・Jimmy Carr (ジミー・カー)

- Bill Burr (ビル・バー)　・Mitch Hedberg (ミッチ・ヘドバーグ)

- Frankie Boyle (フランキー・ボイル)

　ちなみに本書でふんだんに使われるダークユーモアは、かつてブラックジョークと呼ばれることもあった。しかし、ネガティブな物を表現するときに使われてしまう「ブラック」という差別的用語を廃止していく動きがあるので、今後、皮肉あるけどクスリと思わず笑うジョークは「ダークユーモア」と呼ぶように徹底したほうがよい。ネイティブの前でブラックジョークと言ってしまうと、その場が凍りついてしまう事態になりかねないの注意!

友よ―
ありがとう

友だちのルール

Many people will walk in and out of
your life, but only true friends
will leave footprints in your heart.

Anna Eleanor Roosevelt

多くの人々が人生に現れたり
消えたりしていくけれど、
真の友だちだけが心に足跡を残していくもの。

エレノア・ルーズベルト
（アメリカ合衆国第32代大統領フランクリン・ルーズベルトの妻）

英会話で友人を得るのは至難の技だろうか。
英会話は「スキル」ではなく「センス」と考える。
たったひと言、「おもしろいねぇ」「それから？」と挟んで、
相手を乗せていくことで、
明日へとつながるのだ。

きみってサイコーだよ

ほめた後の決めオチ

初級のあいづち

上級なあいづち

友よ、ありがとう

また明日ね

きみってサイコーだよ

会話に盛り上げるあいづちを打つことで相手の重要感や承認欲求や
自己是認欲求を満たして、どんどん話が盛り上がる。
相手を盛り上げていくひと言を自在に使いこなそう。

You're totally awesome.

なんてすごいやつだ。

会話に盛り上げるあいづちを打つことで相手の重要感を満たして、
どんどん話が盛り上がる。"awesome"は、2つの意味があり、
「恐れるほどすごい」という畏敬の念と「すばらしい」「すごい」の意味がある。

「なんてすごいの！」
「マジ？（ほめられてないかもだけど）受け取っておくわ。」

4 きみってサイコーだよ ❷

友よ、
ありがとう

最上級

Oh man,
you're a genius.

天才じゃん。

Point

Geniusは、資質や技芸などまれに見る「天才」のこと。
特に科学や化学、芸術分野で活躍する人に使われるが、
その分野で活躍してなくても感嘆したときに使って盛り上げよう。

上級

Perfect, as expected.

やっぱり、さすがですね。

Wow, you're good.

すげ〜、実力あるね。

Wow, that's amazing.

おお、すごいですね。

You sound like a natural born Japanese.

（外国の人に向かって）まるで日本人みたいに聞こえるね。

You make Mondays / weekdays exciting.

きみって月曜/平日に活力くれるな。

普通なあいづち

I'll give you an A for effort.

努力は認めるよ。

ほめられたら

ほめられてたら嬉しいね。だけど、照れ隠しじゃないけど、
素直にありがとうと言う以外にちょっと皮肉や気の利いた言葉で返したい。
笑いを入れながら言うのがコツだ。

2回ほめてから
上から目線の
返し

Much better.

いいね。(心の中はもっと言って～)

大分ほめるのが上手くなったねと皮肉が入った照れ隠し半分、
もっと言って～と持ちかけるフレーズ。

「なんかレンガみたい…」
「なんだって？」
「つまり、あなたってホント天才ね！」
「それならよし。」

ほめられたら ❷

照れ隠し
の否定

Oh, please.
I don't wanna
make a scene.

やめて。醜態を見せたくないわ。

Point

make a sceneは基本的にネガティブな意味に使う。
見苦しいふるまいや大騒ぎ、修羅場、大げさすぎる表現、悪態、醜態のこと。
この場合は素直に嬉しすぎてほめられたことを
「醜態」と卑下する演技力が問われるけど。

照れる

You're full of shit.

バカ言わないでよ。

Flattery won't get you laid.

ほめても一緒に寝ないわよ。

Stop it, you're making my ass curl.

やめてよ〜。恥ずかしいじゃん。

Yeah, I bet you say that to all the girls (boys).

女の子(男の子)みんなに言ってるでしょ。

Well, I'd be honored if it were true.

もしホントだったら嬉しいけど。

ほめられたら ❸

皮肉な
おほめに
ありがとう

I am?
That's good to hear.

そう？よかったわ。

ほめられた場合でも皮肉なコメントをされたときでも
クールな返しとしておもしろい表現。

クールなありがとう

That's good to know.

それはよかった。

Well, that's encouraging.

それは励みになるわね。

Much appreciated.

感謝する。

I'm very grateful.

感謝している。

Thanks for the heads-up.

先に教えてもらってありがとう。

Thanks for the tip.

ヒントをどうも。

ほめた後の決めオチ

「いやぁ、実は嘘だよ」なんて言うと相手はがっかりするかもしれないけど、
漫才のように最後のオチフレーズを用意しよう。
ただし、空気やシチュエーションによって使い分けよう。

王道

You're having second thoughts?

あれ、考えなおしている？

からかいながら、漫才のオチのように使う。
その後で「うそうそ、本当のこと。やっぱりすごいと思っているんだ」と続けよう。

王道

I'm just yanking your chain.

からかってるだけだよ。

Point

持ち上げて落とす最後のオチフレーズ。
友だち同士の会話は軽快なキャッチボールをするように話すならば、
こんな冗談も受け止めてくれるはずだ。

初級のあいづち ❸

Duly noted.

承知いたしました。

フォーマルな英語をあえて使ってみよう。
もちろん「理解・承知いたしました」とビジネスシーンでも使用可能。
dulyは「正式に」「正確に」という意味がある。

「パンがないならケーキを持ってきて。(マリー・アントワネット風に)」
「妃殿下、承知いたしました。」

初級のあいづち ❹

Cool.

いいじゃん。

Word / Word up.

なるほど／なるほどねぇ。　*低めの声でいいながらうなづく

Ditto.

同じだ。

Noted.

承知した。

Copy that.

了解。

Roger.

了解。

確かに

Good point.

確かに。

Exactly.

その通り。

True.

確かに。

You're very wise.

おっしゃる通りだ。

Sounds like it.

みたいだね。

Makes sense.

そうだな。

友よ…
ありがとう

上級なあいづち

会話が続くニッチなツッコミ

限られたシチュエーションで使うニッチなものから
次につなげる「なるほどね〜、それから？」まで
気持ちを救いつつグサっとツッコミを入れる上級編。

数字が
弱い人に

Math isn't really your strong suit, is it?

数学は不得意だな？

Point

strong suitは、「強み」や「得意なこと」を意味する。
Math（数学）だけではなく、words（言葉使い）science（科学）など、
相手の不得意をあげよう。
ちなみに反対語は「Weak sauce（ガッカリ、よくないこと）」。

「わたし数字弱いの。数は1と2以上はたくさん。」
「数学は不得意なのね？」

友よ、
ありがとう

上級なあいづち ❷

Right,
it'll give you
a little feedback.

そうだな。
少しだけフィードバックになるな。

Point

相手からなにかすごくいいことを言われたら、感心しながら、
"little(少しだけ)"を強調しながら皮肉を交えて言おう。

バリエーション

That kind of money can ruin a friendship.

そんな金は友情をダメにする。

Are you thinking what I'm thinking?

同じこと考えてたか?

I wanna minimize the drama.

手間をかけたくないだけ。

なるほどね〜次につなげる

Really? How so?

へえ、どんな風に?

I get it. So?

なるほど。それで?

Charming. So what's up?

なるほど。で?

友よ、ありがとう

皮肉ばかりではなく、友人として感謝の気持ちを示すことで絆が強くなる。
英語圏では、「ほめる」ことと「感謝の気持ち」は必ず会話に入れる。
恥ずかしがらずに言ってしまおう。

You're a good friend. Thank you for doing this.

きみはいい友だちだ。恩にきるよ。

なにか助けてもらったときに言う基本フレーズ。
もし、友だちとして感謝している場合は、
"Thank you for being my friend.（友だちでいてくれてありがとう。）"と返す。

「あら、熱があるみたいね・・・」

「あなたっていい友だちね。恩にきるわ。」

「気にしないで。」

友よ、ありがとう❷

王道

You're my best friend, and your guidance and support is crucial to my life.

きみという親友はオレの人生に不可欠だ。

I am very grateful for our friendship, and I want you to know how happy I am to have you in my life.

きみの友情に感謝してる。きみがいてくれて本当に幸せだと思う。

I mean it. I can't put a price on what you mean to me.

ホントだよ。きみの友情には値段がつけられない。

I won't need anything, but thank you. I appreciate it.

なにもいらないけど、ありがとう。感謝してるよ。

You complete me, and for that I am grateful.

きみという存在はぼくを高めてくれる。感謝してる。

I think we have a special connection. Thank you.

縁がある気がしている。ありがとう。

I feel like we are friends for life.

一生付き合える友だちと感じている。

Thanks, for now, and ever.

ありがとう。これからもよろしく。

友よ、ありがとう に答える

感謝の気持ちを言われれると照れるのは日本人の悪い癖だ。
ここも恥ずかしがらずに堂々と言ってしまおう。
友だちとしていてくれて本当にありがとう。

模範解答

Oh, I appreciate your words. I am also helped by this friendship.

ありがとう。わたしもこの友情に救われてる。

Don't worry about it. But you owe me one.

気にしないで。貸しイチね。

Oh, please. Happy to help.

気にするな。

No problemo.

問題ないよ。　*英語でのProblemをあえてスペイン語のProblemoで言う。

Happy to be your buddy.

友だちでうれしい。

It'll cost you.

高くつくぞ。

You're always cool, way cool to me.

あなたはいつでもクール、超クールな友だちよ。

I don't want to be crude but fuck you very much my friend.

友よ、無礼になりたくないけどクソ感謝してる。

また明日ね

さて、楽しかった時間も過ぎて、さよならの時間だ。
盛り上がった後にさようなら言うのは惜しいなという気持ちを込めて言おう。
余韻が残っているうちに次の約束も忘れずに。

名残惜しい
別れの言葉

You sure you don't wanna push through?

あれ、朝まで飲まないの？

盛り上がった会のお別れは名残惜しいのは山々だ。
そこで、このひと言で名残惜しさを倍増して表現できる。
もし、そうだねって言われたら朝まで盛り上がるしかないでしょ。

「あれ、朝まで飲まないの？」
「がんばったわね。でも、おやすみ！」

また明日ね ❷

Just get in bed.
I'll tuck you in.

さ、ベッドへ行って。布団をかけてやる。

男子が女子に対して子どもをあやすように言うとよい。
ただ、空気を読まないと、キモいので注意。

名残惜しい別れの言葉

Let me sleep on it.

明日また考える。

I don't know what to say, wait.... I do. Bye.

なんだっけなんていうか忘れた、あ！バイバイ。

Can I crash at your place next time?

次はあなたの家に上がりこんでいい？

Good night, I'll be dreaming of you.

おやすみ、夢で会おう。

返事

Got it. Bye for now.

了解。じゃあね。

SCRIPT

で演じてみよう

英語の上達には映画の主人公のようになって演じてみることが大切だ。
声を出して繰り返すことでフレーズを身につけ、生きた英会話ができる。

友よ、また明日シーン1

きみって天才! だからお金貸して

MILKY: Oh, man you're a genius, really.

GREEN: Really? Do you think so?

MILKY: Yes. And I'm also truly grateful for our friendship, and I want you to know how happy I am to have you in my life. So will you please lend me 450,000 yen. I will pay you back within a year, how about ¥1,000 a month?

GREEN: Math isn't really your strong suit, is it? That kind of money can ruin a friendship.

MILKY: Okay, right. So what do you say?

GREEN: Let me sleep on it.

ミルキー： あなたって天才よ。

グリーン： まじ？そう思う？

ミルキー： そう。それにこの友情に感謝してるの。
あなたがいてくれて本当に幸せだと思ってる。1年以内に
お金返すから、45万貸して。毎月1000円返すようにする。

グリーン： 数学は不得意なのね？ そんなお金は友情をダメにするだけよ。

ミルキー： で、貸してくれるの？

グリーン： ひと晩考えさせて。

友よ、また明日シーン2

きみの家行っていい?

BEAT: I know we just met, but I think we have a special connection. Like we can be friends for life.

MILKY: You're full of shit. I bet you say that to all the girls.

BEAT: No, seriously. You're totally awesome.

MILKY: Stop it, you're making my ass curl.

BEAT: So, I was thinking... Can I crash at your place tonight?

MILKY: I don't know what to say, wait .... I do. Bye.

BEAT: At least I tried. I guess I'll just go home and entertain myself with the thought of you.

MILKY: I'll give you an A for effort.

ピート： 会った途端に縁があるような気がしているんだ。
一生付き合える友だちとしてね。

ミルキー：バカ言わないでよ。女の子みんなに言ってるでしょ。

ピート： マジで。きみってすごいよ。

ミルキー：やめてよ〜。恥ずかしいじゃん。

ピート： だからさ、考えたんだけど・・・きみの家に上がりこんでいい?

ミルキー：ん…なんだっけ、なんていうか忘れた、あ! さよなら。

ピート： がんばったけど、(今回は)しょうがないから
帰ってきみのことを考えながら眠りにつくよ。

ミルキー：努力は認めるよ。

195

See?
A nice meal,
good conversation and
a glass of wine is
the reason to live.
Cheers!

おいしいごはんと会話とワイン。
生きる理由だ。
乾杯！

シビレる英語
スキルアップのコツ

　一生懸命、英語で映画やドラマを見ていても意味がわからずに続かない。文法や用例、ヒアリングまでしっかりわかっていないと英語は通じないのではないか？ ある程度英語は勉強してきているけど、いざ自分が話すときに「なにを話したらいいのかわからない。ビジネスの相手にちょっと気の利いた言葉を添えたいけど自信がない。そんな英語にまつわる不安はよくあること。もしあなたがその理由で一歩踏み出せないとしたら、英語はビジネス関係のみならず、一生の友だちとなりうる「人間関係を築くためのツール」であるということを再認識してほしいと思います。

　もちろん100%英語を理解してなくても会話は成り立ちます。英語はツールであるとしたら、どんな話をして盛り上げることができるか、またはSNSで繋がりたいかは、あなたが話したいトピックを揃えることが必要。トピックやネタは興味あることを好奇心持って探っていけば、自ずとしゃべりたいネタが見つかるはずです。そのネタをもとに、新しく発見した言葉を足していけばいいのです。

　言葉は日々進化します。アートや映画、小説、好きなSNSをフォローして新しい言葉を発見するのもいいですし、監修のTokyo Creativeが制作するYouTube（Tokyo Creative Playと検索）をチェックするのもいいでしょう。外国人のYouTuberがおもしろおかしく外国人ならではの視点から英語で日本の文化や習慣について語っているので、なんとなく理解できるのでおすすめです。

　もし時間があるならばノートに「トピック（ネタ）」を書いて、「発見した言葉」をリストアップしたプレゼンプランならぬ自分の「ネタ帳」を作るのも手です。もし選んだ言葉が合っているのか不安だったら調べる、また、知り合いのネイティブに確認してみてください。きっとそこから会話がはじまるでしょう。

　そして、なにより大切なのは「話す勇気」。この言い方は間違っているのではないだろうか、発音が合っているか不安だから話さないのはもったいない。その不安を解消するには「しゃべる筋力」を鍛えること。冒頭でも書いた通り、アスリートやアーティストが、本番を迎えるために日々の訓練や練習を行うようにまいにち繰り返し1フレーズでもいいので、ひとりでしゃべる筋トレ習慣をつくることをおすすめします。本書ではパーティコールを入れているのでひとりでも気分をアゲアゲに盛り上がっちゃうフレーズを用意しました。バカらしいと思うかもしれないですが、続けていくうちにある日突然スルッと自然に口から言葉が出てくるはずです。

　英語表現研究会では英語の不安を解消すべく、日々おもしろくて気の利いたウィットある新しいフレーズを探し求めています。そんな英語紹介をはじめ、みなさんから新しいワードも募集するSNSを発信する予定なので、よかったら「シビレる英語」で検索してみてください。みなさんと「おもしろくてタメになる英語」の知識を共有できたら最強だなと思っております。

　最後にみなさんのシビレる英語がバージョンアップするように。英語不安を解消できる一助になることを切に願っています。

英語表現研究会

INDEX

EPISODE 0
準備体操

0-1 Let's get this party started!
0-2 Let's paint the town red!
0-3 Aren't you coming to the party? wait, what? That sucks.

EPISODE 1
出会いっておもしろい!

自己紹介しよう

1-1-P1 Hi! Recently divorced.
1-1-P2 "Hi! I'm Mike. Recently divorced." "Hi! I'm Bob. Welcome back to life!"
1-2 Hi, a not so stable genius.
1-3 Sailor Moon's better-looking sister.
1-4 A.K.A ~ The Japanese Brad Pitt.
1-5 I may look like an accountant, but I play in a punk/death metal band on weekends.
1-6 Haven't we met?
1-7 Hi, fresh off the boat from~.
1-8 Hi, the newbie at~.
1-9 At your service.

自己紹介に答える

1-10 Hi! Vaguely interested.
1-11 Cool! I hope to get to know you better.
1-12 Hi. Happily married.
1-13 That's nice.
1-14 Yeah, right.
1-15 Your reputation precedes you.
1-16 Wow, the infamous~!

間が空いてしまった

1-17 Just checking in.
1-18 I just wanted to check on you.
1-19 Just checking to see how you're doing.
1-20 Just checking to see if you're still alive.
1-21 Hi, I thought that I might swing by to see you.

あいさつは陽気に

1-22-P1 So, wassup?
1-22-P2 "So, wassup?""Not much."
1-23 Hey there sunshine!
1-24 How you feelin'?
1-25 So, how you doin'?
1-26 How's it hangin'
1-27 How's it going?
1-28 How goes it?
1-29 Is it happy hour yet?

あいさつに答える

1-30 Fuckin' awesome!
1-31 Rocking!
1-32 Couldn't been better!
1-33 Terrible.
1-34 Actually, I'm pretty good.
1-35 Good, and how are you doing?
1-36 I'm great. I was just thinking about you.
1-37 Like shit.
1-38 You have to ask?
1-39 I'm okay, I guess.
1-40 Hanging in there.
1-41 So far so good.
1-42 Not much.
1-43 Not too bad.
1-44 I'm alright.
1-45 Same shit, different day.

ウェルカム

1-46-P1 Come in! Don't worry, I just sanitized the place.
1-46-P2 "Come in! Don't worry, I just sanitized the place." "That's great. Because I forgot my gas mask."

I-47	Welcome to my humble abode.
I-48	Mi casa, su casa. Make yourself at home!
I-49	Welcome to my castle.
I-50	Welcome to my love shack, baby!
I-51	Welcome to my man cave.
I-52	Welcome to my she shed.

ウェルカムに答える

I-53	Don't worry, I just got vaccinated.
I-54	I am honored to be here at the illustrious [family name] manor.
I-55	I think I'm underdressed!
I-56	Wow, I didn't know that you were a neat freak.
I-57	Okay, but don't get any ideas.
I-58	Let's keep a "social distance", shall we?
I-59	Keep your hands to yourself.

お誘いですけど

I-60-P1	What about drinks over Zoom?
I-60-P2	"What about drinks over Zoom?""Sure! Are you buying?"
I-61	Maybe my timing isn't great, but do you wanna go grab a bite to eat?
I-62	So, you doin' anything this week?
I-63	You gettin' ready to go out?
I-64	What are you up to this evening?
I-65	Come by sometime. we'll have a beer.
I-66	Are you up for dinner tonight?
I-67	Do you want to grab a drink after work?
I-68	Listen, I'm going out for a quick drink. You wanna join me?
I-69	Let's go grab some drinks.
I-70	Join me for a beer?
I-71	Happy hour, anyone?
I-72	Hey, you wanna go check out this place? I hear it's pretty happening.

お誘いに乗っちゃう？

I-73	Only if you're buying.
I-74	I'm on my way.
I-75	Thank you for the invite.
I-76	I would like that.
I-77	Gladly.
I-78	Sure! Let's go.
I-79	Yay, a nightcap.
I-80	I'm all over it.
I-81	Sure, why not?
I-82	I'm down !
I-83	Fuck yeah.
I-84	Definitely.
I-85	Abso-fucking-lutely.
I-86	Sure. Why stop the fun now?

いや、断る

I-87	Maybe not. Can I take a rain check?
I-88	Can you give me a rain check?
I-89	How about a rain check?
I-90	I wish you'd asked me earlier. I actually have other plans.
I-91	Oh, I could but I don't want to.
I-92	No, and please don't ask again.
I-93	No way. Will you please fuck off?

断られたよ…

I-94	Fine! I shouldn't have invited you in the first place!
I-95	Suit yourself. I'm going solo.
I-96	Are you sure? I'm buying?
I-97	That's Too bad. Maybe next time.
I-98	Fine, but you're missing out on a good time.

Scriptで演じてみよう

I-99	「誘いを断る」
I-100	「誘いに乗る」

EPISODE 2

いいデートしてる?

デートしよう

2-1-P1 What are you up to this fine evening?

2-1-P2 "What are you up to this fine evening? ""Nothing, How about Netflix and Chill?"

2-2 Can I crash at your place??

2-3 You got time for lunch next Sunday?

2-4 Can I buy you a drink?

2-5 How about a movie tomorrow night?

2-6 Do you want to hang out with me this weekend?

デートしよう 切り出し方

2-7 Can I ask you a question?
+I want to know if you can join me for dinner Friday night.

2-8 Can I share something with you?

2-9 Here's the elevator pitch.

2-10 Got a minute?

2-11 I was thinking…

2-8~11 +That maybe we should get to know each other better.

2-12 I've got good news and bad news.

デートしよう 相手に言わせる

2-13 Your move, buddy.

2-14 Weren't you gonna say something?

2-15 Okay, your call.

2-16 So, what's on your mind?

デートしてもいいよ

2-17 Nothing. How about Netflix and Chill?

2-18 I thought you'd never ask.

デートの決め台詞

2-19-P1 My parents call me Nick, but my rap name, it's "All Up to You."

2-19-P2 "That's my rap name, it's "All Up to You"."How about Bozo?"

2-20 Let me know when it stops being cute and turns into stalking.

2-21 Cheers!

2-22 Here's to getting to know you.

2-23 Here's to new beginnings.

2-24 What do you say we open this baby up?

ほめまくろう

2-25-P1 You are so intellectually stimulating.

2-25-P2 "You are so intellectually stimulating." "In a good way?"

2-26 I love your smile!

2-27 You look great!

2-28 You have a great sense of humor.

2-29 Why are you so mysterious!?

2-30 Your voice makes me tingle…

2-31 Why are you so beautiful/cute?

2-32 You're so fucking awesome!

ほめられたらありがとう

2-33 How perceptive of you. Thanks.

2-34 I'll take it.

2-35 Well, that's very sweet of you.

2-36 I'm beyond grateful.

2-37 Whoa, that's very classy.

2-38 That's very kind.

2-39 Oh, that's very kind of you to say so.

2-40 You're not so bad either.

ほめられて恥ずかしいとき

2-41 Uh-oh. Sounds ominous.

2-42 Ouch.

2-43 What's this now? You need anything?

2-44 Are you trying to get lucky?

2-45 In a good way?

2-46 Oh, stop it!

2-47 You're so full of shit.

こんなときどうする? 怒っちゃった

2-48-P1 Stop staring at my tits!

2-48-P2 "Stop staring at my tits!""I couldn't help myself. They're so beautiful."

2-49 You'd better be dead.

2-50 I've got a give you a big "fuck you" on that.

2-51 Go fuck yourself.

2-52 Don't be an asshole.

2-53 Don't be a jerk.

2-54 You got a fuckin' problem with that?

2-55 You're such a bitch.

こんなときどうする? 言い返してみる?

2-56 Whoa, take it easy. I was just kidding.

2-57 I couldn't help myself. They're so beautiful.

2-58 Wow. Why don't you just cut off my balls?

2-59 What crawled up your ass and died?

2-60 Your right, I'm being petty?

2-61 Payback's a bitch.

こんなときどうする? 素直にごめんね

2-62 I'm sorry.

2-63 Oh, man. I'm so sorry.

2-64 Seriously. I'm really sorry.

2-65 Shit, I'm sorry.

2-66 My bad.

2-67 I didn't mean to offend you.

2-68 Let me start by saying I'm sorry for some of the things that I said to you.

2-69 I take that back. I shouldn't have said that.

2-70 I didn't mean to piss you off.

2-71 Let's hit reset and start over.

デートのしめくくりはありがとう

2-72-P1 I haven't had so much fun in a long time. We have to do it again.

2-72-P2 "I haven't had so much fun in a long time. We have to do it again." "Yeah, I'd like that."

2-73 I hope you had as much fun as I did.

2-74 Yes. You're my very best, and your guidance and inspiration is crucial to me.

2-75 This is the best time I've had ina long time.

2-76 The food and service were so-so, but I gotta say the company was awesome.

2-77 I had such a shitty time that I want to see you again tomorrow.

2-78 You are the best!

2-79 You're so sweet!

2-80 You are amazing!

2-81 Keep in touch.

2-82 I'm glad we finally met.

2-83 Let's hang out again.

2-84 Hope to see you soon.

こちらこそ

2-85 Likewise!

2-86 I'd like that.

2-87 I'm with you.

2-88 Lead the way!

2-89 That's good. Where'd you get that?

2-90 Oh, you're so sentimental.

2-91 Sure beats drinking alone.

2-92 This was about as much fun as a trip to the dentist.

2-93 Thanks for the drinks, but you're not as funny as you think you are. Good night!

2-94 I don't think so.

Scriptで演じてみよう

2-95 「デートのお誘い」

2-96 「怒っちゃった」

EPISODE 3
こんな話のつかみがあったんだ

Sorry I'm lateの後に

3-1-P1 I'm assuming you had a hard time picking out the shoes.

3-1-P2 "Sorry I'm late.""I'm assuming you had a hard time picking out the shoes."

3-2 Don't worry. I'm used to it by now.

3-3 Don't worry. That's nothing new.

3-4 It's all good. You're a slow worker.

3-5 No problem. I was just checking out the local talent.

3-6 I'm glad you didn't blow me off.

3-7 No worries. I was just getting warmed up.

友情に乾杯！

3-8-P1 To my new partner in crime.

3-8-P2 "To my new partner in crime.""Let's just skip the bullshit and drink!"

自慢する

3-9-P1 People say I'm a "very stable genius".

3-9-P2 "People say I'm a "very stable genius"."Like Trump?"

3-10 Guys say I'm an "Ageman". A girl who brings good luck if you have sex with her./A lucky lay.

3-11 They say that I'm a go-getter.

自慢話のあいづち

3-12 Bullshit.

3-13 That's good to know.

3-14 That's nice.

3-15 Wow, that's impressive. So?

3-16 Yeah right.

3-17 I suppose.

3-18 Oh...Anything else?

あれ、シラけた？

3-19-P1 All right, will someone please break the fuckin' ice.

3-19-P2 "All right, will someone please break the fuckin' ice!" "I'll drink to that!"

3-20 Nothing, huh? Well, all right.

3-21 Well, I'm havin' a good time.

3-22 Are you trying to be funny?

3-23 I haven't had so much fun since my cat died.

3-24 Let's hit the reset button and start this party over.

3-25 Can we stop being so fuckin' polite, and start having some fun?

3-26 No sense of meditation, okay. I'll send you healing vibes.

シラけたときのうなづき

3-27 Abso-fuckin-lutely.

3-28 Definitely.

3-29 Totally.

3-30 You nailed it.

3-31 Good job.

3-32 You are hilarious.

3-33 I'll leave it to you to break the ice.

3-34 You made me laugh so hard that I almost shit my pants.

3-35 I'm glad I could amuse you.

自虐ネタ・失敗談から始める

3-36-P1 I've been married three times and, I can't think of one pleasant anecdote.

3-36-P2 "I've been married three times and, I can't think of one pleasant anecdote.""But, at least you're still around!"

3-37 Don't ask me to sing. You're gonna regret it.

3-38 I seem to have a habit of bungling things up, but at least you get a good laugh out of it.

3-39 Maybe you didn't notice. I am on a liquid diet.

3-40 Hey, I may be fat but I have a great

INDEX

personality!

3-41 I'm not really good with numbers. There's one two and many.

皮肉なあいづち

3-42 That's a pretty boring story. I wouldn't tell it to anyone else.
3-43 That sounds awful.
3-44 Not cool, man. Not cool.
3-45 Utterly farcical.
3-46 And now, I'm feeling bad.
3-47 I don't give a shit.
3-48 Yeah, we're civilized people. We keep our shame and suffering to ourselves.
3-49 Whatever you need to believe, buddy.
3-50 What do you want me to say?
3-51 You're fucking kidding me.
3-52 Humiliation doesn't bother you, does it?
3-53 But, at least you're still around.
3-54 Well, that's good news. You should have at least one thing in your life that's working out.

失敗談からのなぐさめ

3-55-P1 Why didn't you tell me earlier?
3-55-P2 "Why didn't you tell me you're doing this?""I'll be sure to give you a heads-up next time.""That's all I'm asking."
3-56 That's why I love you, and I look forward to more surprises.
3-57 You know what the right thing to do is. Just do it.
3-58 I don't mean to pry but you just can't sit around here and worry.
3-59 Look at you connecting the dots.
3-60 The third time's the charm.
3-61 Yeah, that's what shit does. It happens. Shit happens.
3-62 Let's just thank God they found the problem before it was too late.

ウケる!

3-63-P1 This is gonna kill you!
3-63-P2 "This is gonna kill you! ""Then go for it."
3-64 Wow! that's a good one. Where'd you get it from?
3-65 That's some deep shit. You gotta write it down.
3-66 Words to live by.
3-67 That's a classic line.
3-68 That's epic!
3-69 That's classic.
3-70 Amen.
3-71 Fucking A!

あいづち初級❶

3-72 For real? How so?
3-73 No way!
3-74 Are you sure?
3-75 Wait, what?
3-76 What the fuck?
3-77 Holy fuck!
3-78 You nearly made me shit a brick!
3-79 No shit!
3-80 That's nice.
3-81 Terrific!
3-82 Oof. I envy you.
3-83 That's smart.
3-84 Fucking FRESH!
3-85 Fucking DOPE!
3-86 Fucking RAD!
3-87 Fucking BAD(ass)!
3-88 Fucking STUPID!
3-89 Fucking AWESOME!
3-90 The Fucking SHIT!
3-91 Fucking BULLSHIT!

Scriptで演じてみよう

3-92 「遅れてごめんね」
3-93 「聞いてくれ。元カノ編」

EPISODE 4

友よ、ありがとう

きみってサイコーだよ

4-1-P1 You're totally awesome.

4-1-P2 "You're totally awesome.""Really? I'll take it."

4-2 Oh man, you're genius.

4-3 Perfect, as expected.

4-4 Wow, you're good.

4-5 Wow, that's amazing.

4-6 You sound like a natural born Japanese.

4-7 You make Mondays/weekdays exciting.

4-8 I'll give you an A for effort.

ほめられたら

4-9-P1 Much better.

4-9-P2 "Wow…Looks like a brick…""Say what?""I mean you're a genius. Really.""Much better."

4-10 Oh, please. I don't wanna make a scene.

4-11 You're full of shit.

4-12 Flattery won't get you laid.

4-13 Stop it, you're making my ass curl.

4-14 Yeah, I bet you say that to all the girls (boys).

4-15 Well, I'd be honored if it were true.

4-16 I am? That's good to hear.

4-17 That's good to know.

4-18 Well, that's encouraging.

4-19 Much appreciated.

4-20 I'm very grateful.

4-21 Thanks for the heads-up.

4-22 Thanks for the tip.

ほめた後の決めオチ

4-23 You're having second thoughts?

4-24 I'm just yanking your chain.

初級のあいづち❸

4-25-P1 Duly noted.

4-25-P2 "If you don't have bread, bring me cake!" "Duly noted, your highness."

4-26 Cool.

4-27 Word/Word up.

4-28 Ditto.

4-29 Noted.

4-30 Copy that.

4-31 Roger.

4-32 Good point.

4-33 Exactly.

4-34 True.

4-35 You're very wise.

4-36 Sounds like it.

4-37 Makes sense.

上級なあいづち
会話が続くニッチなツッコミ

4-38-P1 Math isn't really your strong suit, is it?

4-38-P2 "I'm not really good with numbers. There's one two and many." "Math isn't really your strong suit, is it?"

4-39 Right, it'll give you a little feedback.

4-40 That kind of money can ruin a friendship.

4-41 Are you thinking what I'm thinking?

4-42 I wanna minimize the drama.

4-43 Really? How so?

4-44 I get it. So?

4-45 Charming. So what's up?

友よ、ありがとう

4-46-P1 You're a good friend. Thank you for doing this.

4-46-P2 "You're a good friend. Thank you for doing this."
"Oh, please. Happy to help."

4-47 You're my best friend, and your guidance and support is crucial to my life.

4-48 I am very grateful for our friendship, and I want you to know how happy I am to have you in my life.

4-49 I mean it. I can't put a price on what you mean to me.

4-50 I won't need anything, but thank you. I appreciate it.

4-51 You complete me, and for that I am grateful.

4-52 I think we have a special connection. Thank you.

4-53 I feel like we are friends for life.

4-54 Thanks, for now, and ever.

友よ、ありがとうに答える

4-55 Oh, I appreciate your words. I am also helped by this friendship.

4-56 Don't worry about it. But you owe me one.

4-57 Oh, please. Happy to help.

4-58 No problemo.

4-59 Happy to be your buddy.

4-60 It'll cost you.

4-61 You're always cool, way cool to me.

4-62 I don't want to be crude but fuck you very much my friend.

また明日ね

4-63-P1 You sure you don't wanna push through?

4-63-P2 "You sure you don't wanna push through?""Nice try. Good night!"

4-64 Just get in bed. I'll, uh, I'll tuck you in.

4-65 Let me sleep on it.

4-66 I don't know what to say, wait.... I do. Bye.

4-67 Can I crash at your place next time?

4-68 Good night, I'll be dreaming of you.

4-69 Got it. Bye for now.

Scriptで演じてみよう

4-70 「きみって天才! だからお金貸して」

4-71 「きみの家行っていい?」

締めの言葉

5-1 A nice meal, good conversation and a glass of wine is the reason to live. Cheers!

音声ファイルのダウンロードは
下記までアクセス!

https://transworldjapan.co.jp/
sp/shibirerueigo/

SPEAKOUT! OR DIE

一発で相手が

シビレる英語

SAY WHAT?

2020年9月16日　初版第1刷発行

著者	英語表現研究会
監修・コラム	Tokyo Creative
イラストレーション	オザキエミ
日英文・ネイティブチェック	Hiro Kataoka、Yukiko Ishimaru
教材音声ナレーション	ピーター・メイシー
音声編集	坂野 晃佑
ブックデザイン	アルビレオ
編集	喜多 布由子
発行者	佐野 裕
発行所	トランスワールドジャパン株式会社

〒150-0001 東京都渋谷区神宮前6-25-8
神宮前コーポラス1401・1402
Tel.03-5778-8599 / Fax.03-5778-8743

印刷・製本　中央精版印刷株式会社